JN111139

大和の大王家の姓と聖徳太子の死の真相

――万葉集や伝承の語る王朝交代の七世紀

中島紀著
Tadashi Nakajima

武蔵野書院

序

日本において、確かな王朝交代は、一度だけ起こっている。それは七世紀のことであった。そして勝者によって書かれた歴史書『記紀』が、オーソドックスとなる。一方敗者である旧大王家の後裔は、微妙なカムフラージュを施した和歌の形で、歴史の真相を残そうとした。そのような歌が『万葉集』に採られている。『万葉集』の和歌や『今昔物語』などの伝承を参照すると、王朝交代の七世紀が次第に明らかになる。中でも重要なのは、旧大王家の姓と、聖徳太子の死に関する真相である。

本書では、第1章から第4章で、王朝交代期の概観を与え、第5章以降で、時系列にこだわらない個別の問題を扱う。

目次

第1章　『記紀』を批判的に読まなければならない理由

1　和銅元年の禁書令の再発布

『記紀』がそのまま歴史を記述していると考える人は、少数派ではなかろうか。しかし、大部分の人は、大筋においては正しいと想像しているのではないかと思う。ただし、どこが正しく、どこがどのように正しくないかを指摘するのは、容易ではない。その理由は、以下の通りである。

『記紀』の中国の歴史書などとの大きな違いは、その編纂の前に、既存の歴史、伝承、系図などの書かれた書物を取り上げる禁書があったことである。『日本書紀』には、禁書令の発布の記事はないが、『続日本紀』（宇治谷孟訳）に次の記事がある。

和銅元年（七〇八）
大赦令を発する。但し山沢に逃げ、禁書をしまい隠して、百日経っても自首しないものは、
本来のように罰する。

禁書令の発布は、『記紀』の編纂が始まった天武朝にあったと想像され、この和銅元年の禁書令の再発布は、『記紀』の完成が近づいた時点で行われたと思われる。『古事記』の完成は、七一二年、『日本書紀』の完成は、七二〇年。禁書令の再発布は、『記紀』の完成の少し前である。ちなみに『続日本紀』の完成は、百年後の七九七年。この事実は、二つのことを意味する。

A　書物となった伝承や系図を取り上げた上で、『記紀』が、時の権力者の論理に従って編纂された。

B　禁書令の再発布を記述した『続日本紀』は、『記紀』よりも信憑性が高い。

項目Aの権力者に関しては、天皇は天武から持統、文武、元明、元正へと変わっているが、

権力者は藤原不比等、編纂者は太安万侶であり、変わっていない。文献学の落とし穴として、書かれたものは定着すると同時に、その文献が唯一のとき、それはオーソドックスとして振舞うということがある。この唯一の文献が勝者の側から書かれた時、その後に書かれた異説は常に検閲の目に晒されることになる。敗者或いは敗者の後裔が異説を公表する時、真実を、間接的に、或いは部分的に、或いはカムフラージュを施してあらわさなくてはならない。これから論じる『万葉集』や『今昔物語』などは、部分的真実やカムフラージュのかかった真相を語っている。読者には作者の意図を汲み取る努力が必要なのである。

項目Ｂに関しては、『続日本紀』は、事実の歪曲は行わないようであるが、真相の一部分しか伝えないという程度の情報の不完全性を持っていることを後述する。

2　伝承継承者への弾圧とその粛清

秦の始皇帝は、焚書坑儒を行ったという。書物を焼き、学者を生き埋めにしたというのだ。これに似たことが七世紀日本において行われている。禁書を行った上で、人の持つ伝承をどうするか。勝者の対策は、敗者への弾圧と、旧大王家伝承継承者の大量粛清であった。

『続日本紀』和銅元年
菅原の土地の民家九〇戸あまりを、他に移住させた。

菅原の地には、山神系（出雲系）の伝承継承者である菅原土師氏が住んでいた。大王の埋葬を司る土師氏は、六四六年の薄葬令ですでに大きな打撃を受けていたと思われるが、それに加えて和銅元年（七〇八）には、土師氏の人々はその菅原の土地を追われている。ちなみに、後述するが、七世紀の王朝交代期の対立の構図は、山神系の大和の大王家と百済系の新興勢力の対立である。

また、菅原を詠んだ歌には、深い悲しみを表現したものが多い。以下に例を挙げる。菅原天満宮のパンフレットを参考にしている。

郭公　しばしやすらへ　菅原や　伏見の里の　村雨の空　（続千載集、定家）
大き海の　水底深く　思ひつつ　裳ひきならしし　菅原の里　（万葉集巻二〇、石川郎女）

菅原や　伏見の里の　あれしより　通ひし人の　あとはたゑにき
（後撰和歌集、詠み人知らず）

何となく　物ぞ悲しき　菅原や　伏見の里の　秋の夕暮れ
（千載集、源俊頼）

いざここは　我が世は経なむ　菅原や　伏見の里の　荒まくも惜し
（古今集、詠み人知らず）

菅原や　伏見のくれに　見渡せば　霞にまがふ　初瀬の山
（後撰集、詠み人知らず）

最初の定家の歌を取り上げる。「郭公＝ホトトギス」は、昔を恋う鳥であり、古来は冥土から来る鳥とされていた。この歌を意訳すると

古を想って鳴き続ける菅原伏見の里のホトトギスよ。鳴き疲れてしまうでしょう。せめて夕立雨の間くらいは、しばらく休憩しなさいな。

「村雨」には、「村人の涙」のイメージがあり、「大量粛清」の雰囲気がある。菅原伏見の地には、過酷な過去があったと思われる。

もう一つ最後の後撰集の詠み人知らずの歌についてコメントする。「霞にまがふ　初瀬の山」の解釈が微妙で、「霞にまがふ＝火葬の煙が霞のようだ」、「初瀬の山＝火葬場」のイメージがあるのである。こういった印象を裏付ける挽歌を紹介する。

七世紀日本において伝承継承者の粛清が行われたことが、『万葉集』の人麻呂による挽歌に窺われる。

万葉集四二八　土形の娘子を泊瀬山に火葬りし時に、柿本人麻呂の作れる歌一首
隠口の　泊瀬の山の　山の際に　いさよう雲は　妹にかもあらむ

普通は、「こもりく＝隠国」とかくが、ここでは「こもりく＝隠口＝口封じ」と使っている。「山の際＝山神系の最期」である。王朝交代期の対決の構図は、山神系（旧勢力）対百済系（新興勢力）となっている。「土形の娘子＝伝承継承者である土師氏の高級巫女」であろう。人麻呂の歌も、菅原土師氏の粛清を詠んでいる。この歌の解釈は、

山神の家柄ゆえに山神の最期に口封じのために泊瀬の山に火葬された土師の巫女の魂が山際にたなびいていることだ。（中島）

和歌の私流の解釈は（中島）、『万葉集』（中西進）から引用したものは、（中西）、『萬葉集注釋』（澤瀉久孝）から引用したものは、（澤瀉）と付け加える。

『万葉集』には、類似の挽歌があと二つある。

溺れ死りし出雲娘子を吉野に火葬りし時に、柿本朝臣人麻呂の作れる歌二首

四二九

山の際ゆ　出雲の児らは　霧なれや吉野の山の　嶺にたなびく

四三〇

八雲刺す　出雲の子等が　黒髪は　吉野の川の　沖になづさふ

四二九は「霧＝切り＝おしまい」が鍵である。また、出雲娘子の魂を「霧」と表現しているとも取れる。「山の際ゆ＝山神系の最期に」は、四二八と同じ。四三〇は、通常の「八雲立つ」でなく「八雲刺す＝出雲を殺す」がこの歌を恐ろしいものにしている。

意訳は、

四二九
山神系の最期である。出雲の娘子達の魂は、霧になってしまった。吉野の山の嶺にたなびいている。（中島）

四三〇
出雲が刺し殺された。出雲の娘子達の黒髪は、吉野の川の沖に漂っている。（中島）

出雲の伝承継承者である高級巫女たちは、水攻めで殺害されたのち、火葬されたのだろうか。系統だった粛清があったのである。それは人麻呂が生きた時代、即ち七世紀半ばから後半で、

『記紀』完成以前であった。なお後で論じるが、地名の「泊瀬」は、舒明天皇及び天智天皇を示唆する。「吉野」は、吉野太子だった天武天皇を意味する。

3　『古今和歌集』仮名序と禁書の現存可能性

禁書はあったが、取り上げられた文献の焚書はあっただろうか。焚書がなかったことを示唆する文献がある。紀貫之による『古今和歌集』仮名序である。貫之が重要なのは、貫之が御書所預を経験していることである。御書所預とは、宮中の書物を管理する役職で、もし、かつての禁書が残されていたなら、それらにアクセスしえたのではないかと想像されるのである。こうした理由で、貫之が本当の歴史の断片を仮名序の中で、示唆していると思われる、と同時にかつての禁書が現存するかもしれないと期待されるのである。

仮名序を注意深く読むと、『記紀』による定着以前の、禁書に記述されているかもしれない真の歴史の断片が、示唆されているように思われる。その断片を含めて貫之の記述の興味深い点を拾い上げてみよう。原典は『古今和歌集』（小町谷照彦）を参照した。

A 人の世となりて　スサノオの尊よりぞ　三十文字あまり一文字は詠みける。スサノオの尊は天照大神の兄なり。女と住み給はむとて、出雲の国に宮造りし給ふ時に、その所に八色の雲の立つを見て詠み給へるなり。

八雲立つ　出雲八重垣　妻籠めに　八重垣つくる　その八重垣を

神話の時代が終わって、初めての人間の大王となるのが山神系のスサノオであると考えられる。そのスサノオが、日神天照大神に先行していた。この場合の天照大神とは、現在伊勢に祀られているアマテラスではなく、旧日神の男神ニギハヤヒ（別名天火明命）であると考えられる。

B 古よりかく伝わるうちにも、平城の御時よりぞ広まりにける。かの御代や歌の心をしろしめしたりけむ。

和歌の完成が『万葉集』にあると言っている。

Ｃ　かの御時に正三位柿本人麻呂なむ歌の聖なりける。これは君も人も合わせたりというなるべし。

人麻呂が正三位という高位にある理由は、聖徳太子（恐らくは元崇峻天皇）と皇極天皇の孫であったという理由が考えられることを後述する。「君も人も合わせたり」とは、大王の血筋をひく臣下、すなわち「真人」であったことが示唆されて、当麻真人麿が人麻呂の別名であったと思われる。人麻呂と当麻真人麿の同定は、後述する。人麻呂は多くの別名を持っていたと考えられ、その事情は、『柿本人麻呂と小野小町』（中島紀）で詳しく論じた。

Ｄ　ここに、古のことをも、歌の心をも、知れる人、わづかに一人二人なりき

歴史を知り、歌の心もわかっている人は、貫之の時代には、一人か二人しかいないと言っている。一つの想像だが、貫之の他のもう一人とは、藤原兼輔ではないかと思われる。兼輔は、堤中納言と呼ばれた文人で、紫式部の曽祖父である。

E　小野小町は衣通姫の流れなり

一般的解釈は、小野小町の歌風が、衣通姫のそれと同じである、とするものである。しかし、歴史家としての貫之が、小町が衣通姫の後裔である、とする解釈も可能と考える。

第2章　大和大王家の姓と柿本人麻呂の歌

1　聖徳太子の御名

天皇家には、姓がないことになっている。これは万世一系から要求される論理であって、姓を持つものは、臣下という扱いになる。しかし、大和の大王家には、姓があったのであり、この論理は崩れる、と同時に姓の存在は王朝交代とも関連している。このことは、ある意味で究極の秘密であるためか、ヒントとなる情報は、非常に少ない。旧大王家の姓を暗示する二つの和歌を紹介する。

四国霊場八七番補陀落山観音院長尾寺は、聖徳太子の開創と伝えられ、行基が本尊の聖観世音菩薩像を作ったとされる寺である。この寺の御詠歌が興味深い。

あしびきの　山鳥の尾の　長尾寺　秋のよすがら　御名をとなえよ

ここで問題なのは、「聖観世音菩薩＝聖徳太子」の「御名」である。「山偏に鳥＝嶋」である。「嶋大臣＝蘇我馬子」、「嶋宮＝蘇我馬子の建てた大邸宅」として知られている。

「山鳥の尾の＝嶋の小野」とすると、「蘇我馬子＝小野妹子」らしいことがわかる。さらに遣隋使の隋側の記録で、「小野妹子＝蘇因高」となっている。

よって、蘇我氏或いは蘇我本家が「小野氏」であったらしいことがわかる。従って聖徳太子の姓は、小野であり、大和の大王家の姓も小野である。

法隆寺聖霊会に「蘇莫者の舞」と呼ばれる山神の舞があり、梅原猛氏が『隠された十字架』の中で、謎とされている。この舞が意味するところは、山神系の大王家小野氏が、専横を極めた豪族蘇我氏として歴史上葬られてしまったことを意味していると考えられる。

なお、さらに深読みすると、聖徳太子の姓が小野であるだけでなく、「長尾（ながお）」が名である可能性もないとは言えない。「長」と「尾」は、次に論じる人麻呂の歌にも出てくるのである。

2　人麻呂の『百人一首』の歌

もう一つの歌は、『百人一首』の柿本人麻呂の歌である。これには、漢字表記も与える。

あしびきの　山鳥の尾の　しだり尾の　ながながしい夜を　ひとりかもねむ
足日木乃　山鳥乃尾乃　四垂尾乃　長永夜乎　一鴨将宿

この歌は、『万葉集』の中で番号がついていなくて、注に出てくる歌である。この歌が注釈として付けられているのは、「巻一一　古今の相聞往来の歌の上物に寄せて思いを述べたる歌三〇二首」のなかの『万葉集』二八〇二なのだが、なぜか全ては現存していないようである。述べた想いが率直に出過ぎて、検閲にかかり、削られてしまった歌もあったのだろうか。参考のために『万葉集』二八〇二も載せておく。

思へども　思ひもかねつ　あしひきの　山鳥の尾の　長きこの夜を
或る本の歌に曰く、あしひきの　山鳥の尾の　しだり尾の　長々し夜を　独りかも寝む

なぜ定家がこのような目立たないところにおかれた歌を人麻呂の代表作として『百人一首』に選んだのか。私は、藤原俊成、定家の親子は、歴史も歌の心も理解していた数少ない歌詠みであったと思っている。それゆえに『百人一首』は歴史をも語るように巧妙に編まれていると考える。定家がこのような目立たないところに置かれた歌を人麻呂の代表作としたのは、この歌に人麻呂が語りたかった歴史の裏面があったからだと私は考える。

では、「足日木乃」から解釈してみよう。

『日本書紀』を信じるなら、「足」の名のつく最初の天皇は、第六代孝安天皇（日本足彦国押人尊）で、その兄天足彦国押人尊から、小野氏の前身の和邇氏が出たとされる。和邇氏は、春日氏、大春日氏とも呼ばれ、後には小野氏、粟田氏、柿本氏、山上氏などに別れたと伝わっている。天足彦国押人尊は、「足日＝あひ＝安日」ととった時長髄彦の兄の安日王を意味するであろ

うか。この人物がスサノオに当たるかもしれない。長髄彦は、日本足彦国押人尊であり、『記紀』が意図的に和邇氏の祖を天皇の位から外したなら、天足彦国押人尊が第五代孝昭天皇に当たる可能性もある。

第五代孝昭天皇がスサノオの尊であった可能性を示唆する神社がある。それは埼玉県大宮市にある武蔵一宮氷川神社である。氷川神社は、孝昭天皇の時代の創立伝承を持ち、そこでの御祭神は、須佐之男命、稲田姫命、大己貴命である。もちろん由緒がそのまま歴史とはならないが、肝心なのは、氷川神社を創建したのが、出雲族の後裔であることで、ここに出雲のエッセンスが伝えられていると思われるのである。ちなみに現在出雲大社の主祭神はスサノオではなく、大国主命となっているが、これはこれから論じる七世紀の歴史の荒波に揉まれた結果であり、本来の出雲は、むしろ氷川神社の方に表れていると思われる。これが、「天足彦国押人尊＝スサノオ＝孝昭天皇」と考える理由である。

「山鳥乃尾乃」については、長尾寺の御詠歌と同じく「嶋の小野」を意味することは、勿論だが、それに加えて、「鳥」を「取」或いは「執り」と解釈すると、「山神系の頭領の小野氏」

とも取れる。高校の古文では、「あしびきの」は「山」にかかる枕詞であると習うが、元々の「あしびきの山」には、「スサノオに始まる山神系」という意味もあったのではなかろうか。私が調べた限りでは、「山鳥乃尾乃」のフレーズをもった和歌は、ここで紹介した二つと『万葉集』二八〇二だけである。「嶋の小野」とは、それだけ隠されてきた事実であり、秘密だったのではなかろうか。

「四垂尾乃」は、「小野の四分割」を意味するようで、小野氏、粟田氏、柿本氏、山上氏に分割された。時期的には、天武朝の「八色の姓」段階であろうと考えられる。天武天皇は、藤原氏と組んで、山神系を弾圧した。『日本書紀』は、大王家小野氏を、専横を極めた豪族蘇我氏として、歴史上葬り、元大王であった聖徳太子の子らを小野から改姓させることによって、元大王暗殺の痕跡を消そうとした。小野の四分割については、後に詳しく論じる。

「長永夜乎」は、「春日（和邇氏）の暮れて久しい秋の夜長」ととる。旧大王家の後裔は、『万葉集』において、天智天皇の時代以降を「秋」ととらえている。関連する額田王の歌を紹介する。

万葉集一六
天皇（天智）の内大臣藤原朝臣に詔して、春山の万花の艶と秋山の千葉の彩りとを競わしめたまひし時に、額田王の歌を以ちて判れる歌
冬こもり　春さり来れば　鳴かざりし　鳥も来鳴きぬ　咲ざりし　花も咲けれど山を茂み　入りても取らず　草深み　取りても見ず　秋山の　木の葉を見ては　黄葉をば　取りてぞしのふ　青きをば　置きてぞ嘆く　そこし恨めし　秋山われは

冬が過ぎて春がやって来ると、今まで鳴かなかった鳥も来て鳴く。咲なかった花も咲く。しかし山は茂りあって、入って手に取れもせず、草も深く、手折ってみることもできない。一方、秋の山の木の葉を見るにつけ、黄葉（もみじ）を手にとっては賞美し、青い葉を措いては嘆く。そこに思わず恨めしさを覚える。そんな心ときめく秋山こそ。私は。（中西）

単に秋を好むというのみでなく、「秋山吾者（秋山われは）」と詠む額田王自身が「秋」であるとも解釈できる。かつての「春日」は、「春日大社」のように藤原氏に置き換えられて見えなくなってゆくので、「鳴かなかった鳥（頭領）も鳴く」のである。一方、東北地方（蝦夷の地）

には、大和を追われたであろう安日王（スサノオ）の後裔との伝承をもつ秋田氏が、「秋」として残るのである。

「一鴨将宿」は、「鴨将＝葛城氏の後裔＝旧大王家の血を引く人麻呂」が、（左遷されて）一人寂しく寝ることだ。人麻呂の祖母皇極天皇の家系が葛城氏と考えられる。人麻呂の祖父が聖徳太子、祖母が皇極天皇であることは、後述する。人麻呂の左遷に関しても、後述する。

人麻呂の『百人一首』の歌の解釈をまとめると、

スサノオの尊に始まる山神系の小野氏、その小野氏が四分割されてしまった。春（和邇氏）の時代が終わった、長々しい秋の時代に、旧大王家の血を引く私は、左遷されて一人寂しく寝ることだ。（中島）

3 小野氏の四分割

小野の四分割の目的は、旧大王家であった小野氏（蘇我氏）を、天皇の系譜から外し、形跡を消すことにある。同時に聖徳太子が元大王であったことと、聖徳太子の子らの存在を隠すことにも繋がる。理由は、後述するが、四分割が行われたのは、天武朝の「八色の姓」においてであると考えられる。

小野氏

まず、大王を出さない、外戚である小野妹子（蘇我馬子）の家系は、そのまま小野氏として残す。これにより、蘇我氏（小野氏）は臣下であり、天皇の妃はだすが、天皇にはならないという論理を作る。同様の扱いは物部氏についても言える。物部氏もかつては大王を出した家系であったが、『記紀』による伝承改竄により、天皇の妃は出すが、天皇にはならない、臣下の家系という扱いになる。ただし、七世紀の段階では、すでに大王家の臣下であったため、「八色の姓」の段階での変化はない。

小野妹子系の小野氏については、『続日本紀』に、妹子の孫の毛野の死亡記事がある。

和銅七年（七一四）

中納言従三位兼中務卿勲三等小野朝臣毛野が薨じた。毛野は小治田朝の大徳冠小野妹子の孫で、小錦中小野毛人の子である。

ここから想像されるのは、「蘇我蝦夷＝小野毛人」。そして妹子の冠位大徳は冠位十二階の最高位であるのにもかかわらず、生没年は不詳で、『日本書紀』に死亡記事がないことからも、「小野妹子＝蘇我馬子」と考えて良さそうである。小野篁、小野小町、小野道風などは、みな妹子の後裔である。

栗田氏、柿本氏、山上氏は、聖徳太子の妃毎に別れたと考えている。

栗田氏

まず、栗田氏から考察する。太子妃とは、誰であろうか。『上宮聖徳法王帝説』によれば、太子は馬子（妹子）の娘刀自古娘を娶って、山代大兄王をはじめとする四人の子があったという。山代大兄王については、「この王は賢く尊い心を持ち、身命を賭して人民を愛す。」と記述されているから、明らかに要職についており、皇太子であったのではないかと思われる。私は、刀自古娘の後裔が粟田氏ではないかと考えている。

粟田姓の興味深い人物として、『懐風藻』（江口孝夫訳）に記述のある釈智蔵（智蔵師）がいる。その人物描写は以下の通りである。

> 智蔵師の出家前の姓は粟田氏。天智天皇の御世に唐に留学した。当時、呉越地方に学問に優れた尼がいた。法師は尼の下で修行をした。六、七年学ぶうちに学業は群を抜いた。ところが同伴の僧たちは、面白くなかったので危害を加えようとした。それを察した法師は身の安全のため髪を振り乱して狂人のように振る舞い、道路を駆け回るなどの乱行をした。一方では三蔵の要義（仏教の経律論の要点）を写し取り、木の箱に収め、漆を塗って密封して、背負ってあちこちを歩きまわった。同行の僧は智蔵が発狂したと思って軽蔑して危害を加えなかった。
>
> 持統天皇の時代に帰国。同伴の僧は持参した経典を日に曝した。智蔵は襟元を開いて風に向かっていった。
>
> 「私も経典の奥義を明らかにするのだ。」
>
> 人々はあざけって、いい加減なほらだと侮っていた。学業試験に臨んで、壇上で経義を詳し

く述べた。意味内容は深く大きく、発音は正しく流麗であった。異論が蜂の巣をつついたように出たが、その応対は流れるようであった。皆屈服して学識の深さに驚いた。帝は感心して僧正の位を与えた。享年七十三歳。

危害を加えようとした同行の僧たちは、智蔵が聖徳太子の後裔であるがゆえに、お目付役としての役割を持たされていたのだろうか。狂気を装ってまで学業に励むところに、プライドを感じるし、知的水準の高さにも太子の後裔らしさが見られる。生年から逆算すると、太子の子か孫であろう。

『懐風藻』には、智蔵師の漢詩二首が採られているが、そのうちの一首を紹介する。ただし白文は難しいので、書き下し文と訳を与える。漢文の得意な読者は、原文をご覧になることをお勧めする。

秋日志を言う

性を得るところを知らんと欲し
来つて仁智の情を尋ぬ
気爽かにして山川麗し
風高うして物候芳し
燕巣　夏色を辞し
雁渚　秋声を聴く
これによりて竹林の友
栄辱　相驚くことなかれ

本性に叶った地を願って
山川の風情を尋ねてやって来た
大気は爽やかに、山や川は美しい
風は天高く吹き、風物もすがすがしい
雛の巣だった燕の巣には夏の面影も消え
渚の雁のなく声に秋の訪れを知る

この自然の変化を前に、わが竹林の友よ
栄誉恥辱などに心を乱すことのないように

世が世ならば、政府高官に昇るような出自であろうが、時代的には聖徳太子の直系には逆風が吹いていたと思われる。世間的栄達をすて、学問に生きた智蔵師の心情が詠まれているのであろう。

さて、粟田氏の人物で、最も著名なのは粟田真人（生年不詳、七一九没）である。藤原不比等は、この人物に非常に気を使っていたようである。真人が高位に昇るのは『続日本紀』の記述する文武年間からで、文武四年（七〇〇）に律令選定のメンバーとなる。この時点で、不比等が正四位下、真人が従四位上であるから官位はそれほど変わらない。翌年、真人は三十年来なかった遣唐使に任命される。遣唐使は学才と見栄えの両方が要求される一見華やかな仕事だが、東シナ海の渡航は危険極まりなく、鑑真和上伝承のように失敗や難破も多かった。ところが真人は中国の時の権力者則天武后に気に入られ、遣唐使は大成功のうちに七〇四年帰国する。当然真人は大納言に昇進すると思われたが、『続日本紀』の七〇五年に不思議な記事がある。

四月一七日　勅が下され、大納言を四人から二人に減らし新たに中納言二人を置く。
四月二二日　遣唐使真人を中納言に昇進する。
八月十一日　遣唐使真人を従三位に、下役達もそれぞれ昇進させて物を与えた。
同時に従三位大伴宿禰安麻呂を大納言に任ず。
十一月二八日　大伴宿禰安麻呂を太宰帥兼任とする。

大納言を減らし中納言を二人おいたのは、目に見えて真人人事のためである。これは不比等が仕組んだことと思われるが、あまりに露骨な嫌がらせである。これには苦労して渡航してきた遣唐使一行や、その周辺から不平が当然出たはずで、八月十一日の記事になると思うが、不思議なのは大伴安麻呂の扱いである。彼を従三位大納言にしたと思ったら、十一月には、太宰帥兼任としている。まるで、真人の和銅元年（七〇八）の太宰府行きの前例を作っているかのようである。不比等は真人が同列に並ぶことを非常に恐れているようだ。真人はその能力と出自ゆえに敬遠したい種類の人物だったのではないだろうか。

真人の死亡記事は、

養老三年（七一九）二月五日　正三位粟田朝臣真人が薨じた。

とあるのみで、高官につきものの父祖に関する記述がない。このあたりが『続日本紀』の限界であり、情報の不完全性である。『日本書紀』よりも信憑性の高いと考えられる『続日本紀』ですら沈黙せざるを得ないのは、聖徳太子の直系であることの傍証となる。真人は太子の孫か曾孫であろう。真人の父親に関しては、『日本書紀』に興味深い記事がある。天武天皇の晩年である天武一四年に、

粟田真人が位を父に譲ることを請うたが、天皇は勅してこれを許されなかった。

仮に真人が太子の孫であったとすると、その父親は天武天皇の異母兄であり、中でも最も正当な山神系の人物であったと思われる。真人は、山代大兄王（山背大兄皇子）の子か、孫ではないかと推定される。

柿本氏

柿本の出自は、粟田よりも複雑である。その理由は、柿本に至る前に、もう一段階「麻績（おみ）」という姓があるからである。詳しい事情は後述するとして、結論だけ先に述べると、

聖徳太子と宝皇女（後の、舒明皇后＝皇極天皇＝斉明天皇）の間の子が「麻績」であり、最低二人の男子がいた。兄は、「伊勢王＝本田善介＝柿本人麻呂の父」である。弟は、「古人大兄王＝大皇弟大海人皇子＝天武天皇」である。

この麻績は、斉明天皇の九州親征の際に分裂する。この遠征の目的は、唐新羅の連合軍と戦うことではなく、九州にあった新興勢力、中大兄と中臣鎌子等と戦うことであった。この斉明親征に、伊勢王は参戦するが、古人大兄は動かなかった。古人大兄を欠いた斉明軍は敗れて、伊勢王と斉明天皇は九州で処刑される。

和邇氏とは、山神系を祖とし、海神系との融合のもとに成立した大和大王家であったが、古人大兄は、大皇弟大海人皇子として、山神系の小野氏の出自を捨て、新興勢力との妥協の結果として、自らを「大海人＝海神系の長＝日神系の長」と名乗った。そして、藤原氏と組んで、伝承継承者を粛清するなどして、山神系を排除した。

大海人皇子は縮小された（海神系＝日神系のみの残った）和邇氏の頂点に立つ一方、旧小野系の伊勢王の系統は、八色の姓において、柿本朝臣を与えられ臣下となる。

この事情を裏書きするのが、次の『古今和歌集』仮名序の一文である。

かの御時に正三位柿本人麻呂なむ歌の聖なりける　これは、君も人も身を合わせたりというなるべし

これは、人麻呂が「正三位」という高位にあったことを意味する。さらに「君も人も身を合わせたり」は、大王の血筋を引く臣下、即ち真人でもあったことを意味し、当麻真人麿も同一人物であると示唆している。この事情は後述する。

山上氏

山上氏については、山上憶良の事績以外には、手がかりがない。対応する太子妃が同定できず、太子妃で分割したという考えは、間違いかもしれない。憶良も聖徳太子の直系と思うが、

その知的水準が太子のように非常に高いという点以外には、サポートする客観情報がない。但しその憶良の作った歌集『類聚歌林』が、『万葉集』のベースとなっている可能性が高く、ある時期から禁書とされてしまったのかも知れない。

大王家小野氏に関して、和魂漢才を基調とした小野氏とその後裔たちの知的水準、哲学的水準の高さは共通のものである。『日本書紀』が描く権力闘争を繰り返し、権謀術数を弄する蘇我氏のイメージは、どこにもない。『日本書紀』のものの見方は、皮相で非哲学的である。権力闘争を繰り返すのは、『記紀』の編纂者の側の新興勢力である。

その他の太子妃

『上宮聖徳法王帝説』に従えば、あと二人の太子妃がいたことになる。

一人は、位奈部橘王で、父は尾治王。橘氏は、小野氏の分家と考えられるが、八色の姓の段階ではないようだ。県犬養三千代が、元明天皇から、橘宿禰の姓を賜っている。『日本書紀』の天智十年に次のような童謡（わざうた）がある。

橘は　己が枝々　なれれども　玉に貫くとき　同じ緒に貫く

橘の実は、それぞれ異なった枝になっているが、玉として緒に通すときには、皆一本の緒に通される。

「己が枝々＝小野が枝々」とも取れるのである。橘氏の人物としては、橘諸兄（葛城王）が有名である。また『百人一首』に歌のある能因法師は、諸兄の後裔とされる。

もう一人は、膳部菩岐々美郎女で、父は膳部加多夫古臣。太子とこの妃との間には、八人の子があったという。「膳部」は紀氏の職掌で、紀氏は、王朝交代期に、新興勢力の側について、大王家を裏切っている。『日本書紀』においては、紀氏の側から伝承上で旧大王家との関係を切っているが、『上宮聖徳法王帝説』においては、太子の側から、紀氏との関係を絶っているようである。おそらく紀氏も小野氏の分家と考えられ、王朝交代の七世紀は親族間の怨恨の錯綜する難しい時代であったと思われる。紀氏の特殊性に関しては、後述する。また、紀氏に関しては『柿本人麻呂と小野小町』（中島紀）においても詳述した。

私には、太子と膳部菩岐々美郎女の子八人の全てが、太子を裏切った紀氏の人物であるとは、考えにくい。後述するように、山上憶良は、『日本書紀』編纂に関わった紀氏の学者、紀清人を諌めているが、そのことが、山上氏と紀氏の近さを意味しているような気もする。また、山上氏と、山辺氏、或は山部氏とは、同じ氏族のことではないかと思われる。

4　『万葉集』が歴史を語る理由と山柿の門

『万葉集』は、今は伝わっていない、『柿本人麻呂歌集』と、山上憶良の『類聚歌林』から、多くの歌を採ったと言われている。柿本人麻呂も、山上憶良も、大王家小野氏本家の直系と考えられ、それゆえに、たとえ非常に屈折した表現をとったとしても、敗者の側から見た王朝交代期の歴史を伝えようとした形跡が多く見られる。検閲を脱れるために、微妙な比喩や、カムフラージュが施されていることを、意識して解釈しなければならない歌も多い。養老五年（七二一）憶良は首皇子（後の聖武天皇）の侍講となるが、『万葉集』に見られる雄略、舒明、斉明朝のものとされる歌の多くは、このとき憶良が作歌したのではないかと思われる。当然ながら、これらの歌は、厳しい検閲にさらされると考えられ、その多くは、詠み人知らずであったり、代理の作者として額田王を立てるなどの、厳重なカムフラージュが施されており、解釈は後述のように、微妙である。

山柿の門とは、歌聖としての山部赤人と、柿本人麻呂を指すとされているが、山部赤人と山上憶良とは、作歌年代が重複しており、また『万葉集』における憶良の重要性を考えると、赤人と憶良とは、同一人物ではないかと考えられる。

第3章　王朝交代期の歴史

1 聖徳太子の四十九歳の死

聖徳太子の実像を理解することは、王朝交代の時代を理解する鍵となる。ここでは、比較的空想性の少ない『今昔物語』をもとに、聖徳太子の生涯に関する概要を掴んでみたい。とりわけ『今昔物語』と『日本書紀』との微妙な差異が興味深い。『今昔物語』から二箇所を抽出する。

太子の伯父崇峻天王の、位に即給いて、世の政を皆太子に付奉り給ふ。其時に、百済国の使い阿佐という皇子来れり。太子を拝して申さく、「敬礼救世大悲観世音菩薩　妙教教流東方日国　四十九歳伝灯演説」とぞ申しける。其間、太子の眉の間より白き光を放給ふ。

興味深い四点をあげる。

A　太子は崇峻天皇の摂政だったという。
B　聖徳太子が、救世大悲観世音菩薩であると、百済王子阿佐は言う。
C　阿佐は、太子の寿命を予言している。
D『日本書紀』には、推古五年に、百済王が王子阿佐を遣わして、調を奉ったという短い記事がある。

項目Aに関連して、後述するように聖徳太子は即位して大王であったと考えられ、その場合同定されるのが、崇峻天皇である。そして太子の「四十九才での死」(六二二)までは、大王であったと想像される。

項目Bから、太子が救世観音であることがわかり、例えば法隆寺の救世観音像も太子を意味するのではないかと、考えられる。

項目Cが興味深く、太子の「寿命」を決めているのが百済系の新興勢力なのである。

項目Dは、もし『今昔物語』がより真実に近ければ、推古五年は崇峻年間に含まれることを意味する。

二番目の箇所は、

太子、甲斐の国より奉れる黒き子馬の四の足白き有り、其れに乗て空に昇て、雲に入て東を指て去給ぬ。使丸と云ふ者、御馬の右に副て同く昇ぬ。諸の人是を見て、空を仰て罵る事限りなし。太子信濃の国に至給て、三越の界を迴て、三日を経て還給へり。

興味深いのは、

A　太子が向かった先が信濃であること。
B　使丸が同行し、それを人々が限りなく罵ったこと。
C　太子がまた帰ってくること。

である。

項目Aは、善光寺の前身（信濃国伊那郡）への左遷と考えられる。これが太子の「政治的死」であり、四十九才のことだった。公式には太子は、六二二年に薨去したとされた。「死後」の太子は、本田善光を名乗ることになる。

項目Bの「使丸＝舎人調使麻呂＝調子丸」は、百済王家の人物だった。太子が「生前」善政をしいていたことと、太子を左遷に追い込んだのは、百済勢力だったことが示唆される。

太子は皇極帝の即位と共に、摂政として復活する。それが項目Cの信濃からの帰還である。

太子が四十九歳を過ぎても生きていたことも、信濃へ左遷されていたことも、歴史上抹殺された事実である。『善光寺縁起』では、聖徳太子と本田善光を別人として扱い、太子が信濃に行ったという記述はない。善光寺もその創建時代から、治外法権ではなく、『善光寺縁起』も、百済系の権力者の影響を受けている。しかし、『今昔物語』は、寓話的にではあるが、太子が実際に信濃に赴いたことを記述している。この点が、私が『今昔物語』を重視する理由である。

2 雄略天皇と舒明天皇の同一性

『万葉集』は、雄略天皇の歌で始まり、舒明天皇の歌がそれに続く。いくつかの理由で、この雄略天皇と舒明天皇が同一人物であり、また大和の大王家からみると、征服者であると考えられる。

冒頭に雄略天皇の歌を置くことで、一見新興勢力に対して、『万葉集』の編者が敬意を表しているようにも見える。

万葉集一

籠もよ　み籠持ち　掘る串もよ　み掘串持ち　この岳に　菜摘ます児　家聞かな　名告らさね　そらみつ　大和の国は　われこそ居れ　しきなべて　われこそ座せ　われこそは告らめ　家をも名をも

籠よ、美しい籠を持ち、篦（へら）よ、美しい篦を手に、この岡に菜を摘む娘よ。あなたはどこの家の娘か。名は何という。そらみつ大和の国は私がすべて従えているのだ。すべて私が支配しているのだ。私こそ明かそう、家柄もわが名も。（中西）

代々の大和の大王の中で、このような威張った歌を詠んだ例はない。通常の大王なら「われこそ居れ」、「われこそ座せ」と構える必要はなく、「われこそは　告らめ　家をも名をも」と自ら名告ることもない。この歌は、雄略天皇が、大和の大王家にとって、血縁がなく、明かに征服者であることを示している。

この歌の詠者は、雄略天皇であろうか。私は違うと思う。私の推理では、首皇子の侍講であった山上憶良が、一見雄略天皇を讃えるかのように見せて、実は雄略天皇が征服者であったことを伝え、王朝交代がこの時に起こったことを示したかったのだと考えられる。

それに続く舒明天皇の歌が万葉集二である。

万葉集二

大和には　群山あれど　とりよろふ　天の香具山　登り立ち　国見をすれば　国原は　煙
立つ立つ　海原は　鴎立つ立つ　うまし国ぞ　蜻蛉島　大和の国は

大和には多くの山があるが、とりわけて立派に装っている天の香具山、その頂に登りたって国見をすると、国土には炊煙がしきりに立ち、海上には鴎が翔りつづけている。美しい

国よ、蜻蛉島大和の国は。（中西）

万葉集二は舒明天皇による征服が完了して、天皇として即位してから、悠然と良い国を手に入れた、との感慨を詠んでいるようである。私はこの歌も憶良が詠んだものと考える。舒明天皇も征服者であろうか。『日本書紀』を信じるなら、雄略天皇は五世紀の人物であり、七世紀の舒明天皇との時代の違いは明らかである。大和征服は、雄略天皇に始まり、舒明天皇まで続くのであろうか。

ところが『日本霊異記』が、雄略天皇の時代性に明確な疑問を投げかける。『日本霊異記』は、序において、仏教の伝来が欽明天皇の時代であるとする。仏教伝来に関しては、他の文献も欽明天皇の時代としている。

問題は第一話「磐余の宮にいた頃の雄略天皇時代」の説話である。ここに豊浦寺が登場する。雄略天皇の時代に仏教寺院が存在したなら、仏教伝来が五世紀以前であったか、雄略朝自体が、欽明天皇の後になるが、豊浦寺は飛鳥時代のものと考えるのが自然であろう。なぜなら、このお話自体が、「飛鳥の京の時代の雷の岡の名の由来」であるから。『日本霊異記』は雄略天皇が、実は舒明天皇と同一人物であることを伝えると同時に、即位前の舒明天皇（田村皇子）が、岡本宮に移る前に、磐余の宮にいたこともあったと言っているようである。

雄略天皇に関しては、『記紀』ですら三属皆殺し的な振る舞いをしたと記述している。常識的に考えれば、大王家とは血縁のない征服者である。しかし雄略朝の惨劇は、実は七世紀の出来事であったようだ。

この時代に関する別の情報を提供するのは、『上宮聖徳法王帝説』である。この文献は

欽明、敏達、用明、崇峻、推古の五人の天皇は、他人をまじえることなく、天下を治めた。

という。この一文は推古の次の天皇、即ち舒明天皇が「他人」であることを示唆している。また、『古事記』が推古天皇の短い記事で終わっていることも、そこで一つの時代が終わったことを示唆する。

『万葉集』には、冒頭の歌の他に、もう一つ雄略天皇作とされる歌がある。

万葉集一六六四　泊瀬朝倉宮に天の下知らしし大泊瀬幼武天皇の御製歌一首
夕去れば　小倉の山に臥す鹿の　今宵は鳴かず　寝ねにけらしも
右はある本にいわく、岡本天皇の御製なりといえり。正指をつまびらかにせず。これに因り以って重ねてしるす。(但し書き)

大泊瀬幼武天皇は雄略天皇であり、岡本天皇とは舒明天皇のことである。『萬葉集注釋』によればこの但し書きは、『万葉集』編纂の段階で、原典の歌集に、すでに与えられていたものらしい。これは原典の編者が、暗に「雄略天皇＝舒明天皇」と同定しているとも考えられるわけである。この歌の詠者も山上憶良と推定される。この歌の要点は、舒明帝に強奪された「臥す鹿＝舒明皇后＝後の皇極天皇」で、なぜ「鳴く＝なく＝泣く」かというと、強奪されて舒明皇后となり、元夫の聖徳太子や、子らと生き別れになってしまったからである。

雄略天皇と舒明天皇を同定すると、雄略天皇の時代に起こったことが、七世紀にあったと考えねばならない。『日本書紀』の雄略朝の記述は全くの創作であろうか。雄略朝から武烈朝にかけての人物に平群真鳥とその子鮪がいる。対応する人物が、七世紀にいるだろうか。

ヒントは、「塩」である。『日本書紀』には、真鳥が死にあたって海の塩を呪ったので、武烈天皇は、真鳥が呪い忘れた敦賀の塩のみしか食することができなくなったとする伝説が記されている。一方七世紀には、蘇我倉山田石川麻呂の娘が、父が「塩」という人物に斬首されたか、或いはその首が塩漬けされたのを見せられて、狂気のうちに死んだという伝承がある。塩漬けというのは、大和の風習にはなさそうだが、朝鮮半島にはある。白村江の戦いの際に、朝鮮半島に渡った百済王子余豊璋が、百済の遺臣鬼室福信を斬首し、その首を塩漬けにしたという記述が、『日本書紀』にある。この石川麻呂が、平群真鳥に対応する人物ではなかろうか。石川麻呂を実質的に殺したのは、中大兄であるが、真鳥を殺したのは、皇太子時代の武烈天皇である。中大兄を皇太子時代の武烈天皇と捉えられるのではないだろうか。雄略天皇は、「大泊瀬」、武烈天皇は、「小泊瀬」であるが、山神系を葬ったのが、「泊瀬」なのである。菅原の地を詠んだ歌に、「初瀬」が度々現れたが、「泊瀬」と同じ地名である。有名な「影媛あはれ」の悲劇は、七世紀のことだったのではないかと思われる。

3 聖徳太子妃だった皇極天皇

宝皇女（舒明皇后＝皇極天皇＝斉明天皇）が元々は聖徳太子の妃であったことは、歴史の重要なポイントである。万葉集九は、このことに関連した歌だが、目立つところに置かれたため、カムフラージュも厳重である。

　万葉集九　紀の温泉に幸（いでまし）し時に、額田王の作れる歌
　莫囂円隣之大相七兄爪湯気吾瀬子之射立為兼五可新何本

この歌は、取りわけ難読として知られ、漢字表記を万葉仮名と捉えると「莫囂円隣之大相七兄爪湯気」が全く読めない。例えば、『万葉集』（中西進）にも、この部分の訳は与えられていない。そこで難読部分を漢文風に読み下してみる。

「円隣の大相を囂（かまびす）しくすること莫かれ。七兄靭（ゆげ）負を詰める」と読み下すと、「射立為兼＝射立てなし兼し」との整合性が取れる。「五可新何本＝厳橿が本」は宮中を意味し、場面は温泉ではなさそうである。

歌の主体は斉明天皇とされる。女帝がこのような緊迫した経験を宮中でしたのは、『日本書紀』によれば、皇極天皇時代の「入鹿暗殺」の場面である。

この場に居合わせたのは、中大兄、中臣鎌子、蘇我倉山田石川麻呂、海犬養連勝麻呂、佐伯連子麻呂、葛城稚犬養連網田と、天皇の側に侍した古人大兄である。女帝と「大相（入鹿）」を除けば、七人で「七兄」にあっている。

また「靭負」も詰めていたという。

これだけの準備をして、全体を解釈してみよう。「円隣之大相＝非の打ち所のない立派な大臣」とは聖徳太子が思い浮かぶ。皇極帝の即位とともに、摂政として復活した。「囂しくすること莫かれ」で、『日本書紀』において、聖徳太子が、蘇我入鹿として、悪く言われていることに対して、反論している。「吾瀬子之＝私の夫のような」と捉えられる。皇極天皇は舒明皇后となる前に、太子妃であった。

通して解釈すると、

これは宮中の出来事である。非の打ち所のなく立派な摂政の君を、あれこれ悪く言ってはいけない。七人の殿方がいて、靭負が詰めていたが、私の夫のような摂政の君を射ることを躊躇した。（中島）

最後にカムフラージュについて言及する。詞書にある「紀の温泉」「湯気」が場面を分からなくする。「厳橿が本（宮中）」が霞んでしまうのである。

また、詠者の「額田王」は、真の詠者が検閲を逃れるための代役と考えられる。この歌は『日本書紀』の成立以後に作られたと想像される。私は、宮中における入鹿暗殺は『日本書紀』による創作で、本当の暗殺現場は、片岡山ではないかと考えている。額田王が『日本書紀』の成立まで生存していたとは考えられない。この歌も山上憶良の作であろう。

『万葉集』の次の歌も皇極天皇と聖徳太子について詠んだ歌との解釈が可能である。

万葉集一〇　中皇命の紀の温泉に往（いでま）しし時の御歌
君が代も　吾が代も知るや　磐代の　岡の草根を　いざ結びてな

君が御代も我が御代も知る磐代のこの岡のかやをいざ結びませう。（澤瀉）

澤瀉氏は、この歌の主体の中皇命が皇極天皇であるとしている。皇極帝の治世を「我が代」とすれば、「君が代」は聖徳太子が大王であった時代を指していると捉えることができる。私は、「君が代」は、崇峻朝であろうと想像している。この歌は「我が代」における太子との再会を喜んでいるのであって、「紀の温泉」は再びカムフラージュである。

皇極天皇と聖徳太子の伝承は、善光寺にも存在する。但し、政治的死後（即ち左遷後）の聖徳太子は、ここでは「本田善光」または、「麻績善光」を名乗っている。伝承の問題の部分は、善光の子善介に関連している。若くして亡くなった善介は、阿弥陀如来と地獄巡りをする。

『善光寺縁起』によれば、

善介は死鉄（して）地獄で皇極天皇にあい、共に如来に救われて生き返る。皇極天皇と救世観音となった如来は都に向かい、善介と如来と勢至菩薩は信濃に向かったという。

死鉄地獄を彷徨う善介はそこで二十歳前半の魅力的な女性に出会うが、それが皇極天皇だと知る。善介は「天子の恩」と「父母の恩」に報いるために皇極天皇の苦行を自ら引き受けることを申し出ると、そこへ如来が現れ閻魔大王と掛け合って二人を助けたという。皇極天皇は、

生還の後に善光善介を都に招きそれぞれ信濃と甲斐の国守にした。地獄で皇極天皇の詠まれた歌が

わくら葉に　問ふ人あらば　しての山　泣く泣くひとり　ゆくとこたへよ

である。このとき獄卒が杖で叩いて急げ急げと天皇を責め立てたのでお腰より下は剣の前に貫かれて真っ赤になられたという。

意味深長な『善光寺縁起』の解釈を試みよう。

「天子の恩」と「父母の恩」は、善介の父母が天子であったこと、即ち、元大王であった聖徳太子（善光）と、皇極天皇の子であることを意味する。善光が太子であることは、如来が救世観音となって、生還した皇極天皇と共に都に向かう事からも、確認される。

「わくらば＝邂逅＝思いがけなく出会う事」、「しての山＝死出の山」である。若き日の子らとの別れと、斉明天皇としての最期とを二重写しにしているように思われる。二通りの解釈を試みると

思いがけなく　問う人がいたなら　泣く泣く一人で　連れて行かれたと　答えておくれ

思いがけなく　問う人がいたなら　泣く泣く一人で　死んで逝くのだと　答えておくれ

この歌は、皇極天皇が息子善介に対して、「思いがけなく問う人＝聖徳太子」に対することづてをしていると、捉えることができる。

前者の解釈は、信濃に向かう善介に対して、泣く泣く舒明天皇のところへ連れて行かれたと信濃にいる太子に伝えて欲しいと言っている。

一方後者の解釈に関連して、斉明紀において、伊勢王（善介）が、斉明帝より一月前に亡くなっているから、ひと足先に冥土に向かう善介に対して、あの世にいる太子に伝えて欲しいと言っているのであろう。

4 斉明天皇の九州親征の目的

斉明天皇の九州への親征は、朝鮮半島へ向かうためではなかった。まず有名な「熟田津」の歌から歴史の真相を窺ってみよう。

万葉集八　斉明天皇の御代　額田王の歌
熟田津に　船乗りせむと　月待てば　潮もかなひぬ　今は漕ぎ出でな
熟田津尓　船乗世武登　月待者　潮毛可奈比沼　今者許藝乞菜

「熟田津」という地名は、過去にも現在にも存在しない。九州には、中大兄と中臣鎌子の軍勢が集結しており、老齢（六〇才以上）の女帝が朝鮮半島まで親征する必然性はない。女帝は遠征先の九州で崩御しているが、『日本書紀』のその記事は短く、死因については沈黙している。

私流に解釈してみる。

「熟田津に＝和立つに＝和邇が決起するに当たって」。何のために決起するかというと、中大兄、中臣鎌子の新興勢力と戦うためである。

「月待者＝月人壮士を待っている（が現れない）」と読む。この月人壮士とは、吉野にあった古人大兄（後の大海人皇子）と考えられる。斉明紀によれば、天皇は遠征の二年前の斉明五年に吉野で大宴会を催しているが、これが和邇の決起集会であったかも知れない。

「潮毛可奈比沼＝死をも叶ひぬ＝死ぬのも本望である。」なぜかというと、この遠征は亡き夫聖徳太子の弔い合戦であって、斉明帝は太子に対する心の証をたてたかったのである。

「今者許藝乞菜」は少し難しいが、「藝＝形よく切り取る」の意味があるので、「今者＝古人大兄」が、「許藝＝私を見捨てるのも許す」と捉えることができる。

まとめると、

和邇が決起するにあたって、船出しようと月人壮士（古人大兄）を待っている（が現れない）。私が死ぬのも本望である。古人大兄が私を見捨てるのも許そう。さあ漕ぎ出そう。

（中島）

この歌には、斉明帝の悲愴な覚悟が詠まれているのである。「熟田津」に始まる歌は、もう一つ万葉集三二〇二があって、

柔田津に　舟乗りせむと　聞きしなへ　何そも君が　見えこざるらむ

和邇が決起しようと聞いたのに、それにしても、どうして君は現れないのだろう。（中島）

というものである。万葉集八程の格調高い歌ではないが、その分言いたいことはわかりやすい。やはり君とは古人大兄のことであろう。

『万葉集』由縁ある雑歌の中に、斉明帝の九州親征を意味するものがあり、そこに、中大兄の出自を示唆する歌がある。まずは導入部の歌から。

万葉集三八七五
琴酒を　押垂小野ゆ　出づる水　小熱くは出でず　寒水の　心もけやに　思ほゆる　音の
少なき　道に逢はぬかも　少なきよ　道に逢わさば　色着せる　菅笠小笠　わが頸げる
珠の七条　取替へも　中さむものを　少なき　道に逢はぬかも

全訳は与えないが、ここでは、

「人に知られる心配のないところで、こっそり小野の昔話をしましょう。」

という誘いをかける。「菅笠小笠」が、「菅原と小野」を意味するかもしれない。この歌以降は、わかるものだけがわかれば良い、というシグナルである。それに続いて、

万葉集三八七六　豊前国の白水郎の歌一首
豊国の　企救の池なる　菱の末を　採むとや妹が　御袖濡れけむ

万葉集三八七七　豊後国の白水郎の歌一首
紅に　染めてし衣　雨降りて　にほひはすとも　移ろはめやも

まず、「白水郎＝あま」であるが、和邇氏の後裔が本当の「天津神系」であると考えられ、和歌によく現れる「天」「海人」「白水郎」は和邇系を指し、後の時代には、「尼」も使われるようである。旧大王家和邇氏を意味する言葉は、他に、春日を略した「春」、和邇を略した「和」も使われる。

「豊国の企救＝豊前国企救郡＝北九州市」である。中大兄と中臣鎌子は、ここにいた。「菱」の紋を用いたのは、戦国大名では大内氏であるが、その前身は、渡来系氏族多々良氏である。多々良氏は、百済聖明王の第三王子を祖とするが、『日本書紀』における多氏、太氏、大野氏は、多々良氏のことだと考えられる。中大兄の出自は、この多々良氏であり、太安万侶も多々良氏の人物と考えられる。

万葉集三八七六の解釈は、

豊国の企救郡にいる、百済王子の後裔の中大兄を成敗するといって、貴女（斉明帝）の袖は濡れたのだろう（血にまみれたのだろう）。（中島）

となる。

万葉集三八七七は、「紅に染めてし衣」が女帝が処刑されたことを暗示している。「移ろはめやも」は、女帝の太子への想いが変わることはない、と言いたいのではないかと解釈できる。ここでは直訳を与えておく。この直訳でも、詠者の想いは十分伝わると思われる。

万葉集三八七七の解釈は、

紅色に染まった衣は、雨が降って色が美しくなることはあっても、色あせることが、どうしてあろう。（中西）

中大兄の出自は、古代史の秘密の大きなものの一つであるが、中大兄の出自が多々良氏であることは、別の文献からも示唆される。百済勢力が台頭してくる過程で、和邇氏の中にも百済勢力の側にまわった人々がいる、それが紀氏である。『続日本紀』によれば、紀氏の学者、紀清人は『日本書紀』編纂に関わったと考えられ、その歴史改竄に憤った山上憶良が抗議の手紙を書いている。

万葉集七九九　神亀五年七月二一日　筑前守山上憶良上（たてまつ）る
大野山　霧立ち渡る　我嘆く　息嘯（おきそ）の風に　霧立ち渡る
大野山　紀利多知和多流　我何那宜久　於伎蘇乃何是尓　紀利多知和多流

「山＝猪鹿などを捕らえる落とし穴」である。「紀利多知和多流＝紀氏の利益が優先され和邇

の多くが流されてゆく」と解釈する。「息嘯＝大嘘」と取れて、解釈をまとめると

大野氏（太安万侶か）の仕掛けた罠により、紀氏の利益が優先されて、多くの旧勢力の人々が流されてゆくのが、私には嘆かわしい。（歴史改竄の）大嘘が流れる風潮の中、紀氏だけが時流に乗って昇進して行き、多くの和邇の人々が流されてゆく。（中島）

この歌からも、『日本書紀』が誰によりどのような目的で編纂されたのかがわかる。また、歴史改竄の程度が、「大嘘」のレベルであることもわかる。この歌に続くのが、「惑える情を反さしむるの歌一首、併せて序」という序文付きの長歌なのだが、この憶良の糾弾に対する紀清人による反歌は

万葉集八〇一　反歌
ひさかたの　天路は遠し　なほなほに　家に帰りて　業(なり)を為(し)まさに

遥か彼方の天津神系は過去のものとなってしまった。貴方は家に帰ってご自分の仕事に励

まれるとよろしい。（中島）

というもので、紀氏も元々は天津神系（天路）だったことがわかる。憶良にしてみれば、元々は同族であっただけに怨恨は深いのであろう。また注意すべきは、紀清人が「大嘘」自体には反論していないことで、彼は確信犯なのである。紀氏に関しては、後に詳しく論じる。

中臣鎌子の出自は、どうか。『万葉集』は、藤原氏の出自に関しては語らない。それはおそらく、藤原氏の中に、検閲者がいるということである。

『日本書紀』に二つのヒントがある。まず、白村江の戦いのため、百済の遺臣鬼室福信により、朝鮮半島に招かれた百済王子余豊璋が、「糺解（くげ）」（公家）と呼ばれていること。もう一つは、鎌子が晩年に「生きては軍国に務無し。」と言って、自分が戦効を立てられなかったと認めていること。この二点から、鎌子は、余豊璋と考える。鎌子を公家の祖とみなせば、後の歴史が分かりやすくなるのである。関裕二氏も、『藤原氏の正体』の中で、より詳しい議論から、中臣鎌子を余豊璋と同定している。

以上のように解釈すると、中大兄と中臣鎌子の出自が百済王家にあることがわかり、彼らが白村江の戦いで、百済救済を図った理由が理解される。

5 中大兄と古人大兄の盟約

中大兄と古人大兄（大海人皇子）の間に、血縁関係はない。この二人は、一種の盟約を結ぶ。ここではその盟約について記述する。

まず、聖徳太子と宝皇女（舒明皇后＝皇極帝＝斉明帝）の間には、少なくとも二人の男子がいたことを確認しておく。

斉明紀に、高向王と宝皇女の間に、漢皇子が生まれたとある。それに続いて斉明天皇の詠んだ歌として、

射ゆ鹿の　繋ぐ河辺の　若草の　稚くありきと　我思はなくに

「射ゆ鹿＝射られた入鹿」であろう。「繋ぐ河辺の　若草の＝飛鳥川の血統を継ぐ子」ととる。すると「稚くありきと　我思はなくに」で、太子との間の子なら中大兄よりも年長であろう。

さらに、『万葉集』の歌

万葉集三八七四（巻一六　由縁ある雑歌）
射ゆ鹿の　繋ぐ河辺の　和草（にこくさ）の　身の若かへに　さ寝し子らはも

がある。これらの歌から想像されることは、

A　斉明天皇と聖徳太子の間の子が複数いた。
B　最少でも男子が二人はいたと思われる。
C　兄が伊勢王（本田善介）、弟が古人大兄（大海人皇子）と考えられる。

私は、中大兄は舒明天皇の子ではあるが、『日本書紀』の言うように、舒明皇后（皇極天皇、斉明天皇）の子ではないと思う。理由は、

A　一六才の中大兄が、舒明一三年の舒明天皇の崩御後の「百済の大殯（おおもがり）」を一人で取り仕

切っている。

B　斉明天皇が躊躇なく、中人兄と戦おうとした。

C　中大兄が躊躇なく斉明天皇を処刑した。

である。

これから、中大兄と古人大兄の盟約について述べる。まず、盟約の内容を箇条書きにし、後から説明を加える。この盟約の結果が記述されているのが『日本書紀』である。

A　舒明天皇（田村皇子）を押坂彦人大兄皇子（敏達天皇の子）の子として、舒明天皇と中大兄を敏達系の大王家の系図に組み込む。

B　古人大兄の妃であった額田王を、古人大兄の娘倭姫王として中大兄に譲る。

C　古人大兄は、公式には中大兄の弟となり、天智天皇の即位と共に、皇太弟大海人皇子となる。

D　天智天皇の皇子大友皇子と、古人大兄と額田王の娘十市皇女を政略結婚させる。

項目Aだが、押坂彦人大兄皇子（麻呂古皇子）が、微妙な人物で、用明天皇の第三皇子も、麻呂子皇子である。私は、敏達天皇と用明天皇が同一人物で、『日本書紀』が排仏派と崇仏派の争いを捏造する過程で、仏法を信じなかった敏達帝と、仏法を尊んだ用明帝の二人に分割したのではないかと疑っている。例えば、敏達皇后の息長真手王女広姫と、用明妃の一人葛城磐村女広子は同一人物ではなかろうか。そして、敏達と広姫の子が押坂彦人大兄皇子（麻呂古皇子）であり、用明と広子の子が麻呂子皇子である。

敏達天皇が創作で、用明天皇しか存在しなかった可能性を『善光寺縁起』が示唆する。『善光寺縁起』によれば、聖徳太子が、欽明天皇、用明天皇、並びに物部守屋の逆罪を救うため清涼殿で常行三昧の念仏を七日間行い、その功徳の有無を善光寺如来にお尋ねになったという。伝承によれば、欽明、用明は無間地獄を出るし、守屋も安楽国に生まれて救われるのだが、疑問は、この中に敏達天皇の名がないことである。『日本書紀』によれば崇仏派とされる用明天皇ですら無間地獄を彷徨ったのだから、排仏派の敏達天皇も救う必要があったと思われるが、リストに載っていない。

『日本書紀』の論理では、蘇我氏系の用明帝の系統は、やがて滅びてゆき、息長系の舒明帝の系統が、その後の天皇家の系譜となる。なお、用明帝の子の麻呂子皇子は、当麻公の祖とされ、柿本人麻呂の系譜につながる。

項目Bに移る。中大兄、大海人、額田王の三角関係は、「茜さす」の歌の詠われた蒲生野の狩り（天智七年、六六八）の時点での三人の年齢を考えると、もう少し醒めた見方ができる。年齢が確かに決まるのは、六二六年に生まれている中大兄で、四十二才である。年齢の下限が決まるのは大海人で、聖徳太子の政治的死（善光寺の前身への左遷）の以前には生まれていたと考えられるから、四十七才がそれで、実際には五〇才を超えていたかもしれない。額田王は年齢不詳だが、大海人とそれほど違わないと思えば、四〇才半ば以上であろう。天智天皇と額田王の間に、子がないことも三人がかなりの高齢であったことの状況証拠である。

それではなぜ中大兄が人妻である額田王を求めたか。それは、恐らく天皇となるためのステータスシンボルが欲しかったのであろう。天智天皇は、古人大兄の女倭姫王を立てて皇后としたと『日本書紀』は伝えるが、この倭姫王こそが、額田王であったと考えられる。この倭姫皇后は、額田王同様に、その地位にも関わらず生没年不詳であり、また子も生んでいない。『日本書紀』或いは『続日本紀』に死亡記事すらないのだ。額田王の系図など辿りようもないが、非常に高貴な生まれであったと想像される。それゆえに後の時代に、特に持統天皇によって、その事跡が消されたのだと思われる。持統天皇に関しては、さらに後述する。

項目Cは、これまでの議論から、特に説明を要しないであろう。

項目Dは、朝鮮半島から祖国の消滅した百済勢力が、いかに追い詰められていてサバイバルを図ったかを意味する。一方、百済勢力を利用しようとする大海人皇子が、権力に対する執着を持っていたことを示している。盟約によれば、大友皇子と十市皇女の二人から生まれる子は、天智天皇と大海人皇子の血統を引き継ぐ将来の天皇となるべき人物で、実際に男子葛野王が生まれている。この事情は、『懐風藻』の葛野王の記事により明らかになる。

王子は天智天皇の御孫で、大友皇子の第一子である。母は天武天皇の第一皇女の十市内親王である。度量や振る舞いは大きく、風采や識見が優れて秀でていた。才能は国家主要な職務に当たるのに十分であり、血筋は天子の親族、皇族であられる。幼少の頃より学問を好み、経書史書などに博く通じておられた。詩文を作ることが大変お好きで、また書や絵画にも堪能であられた。天武天皇の嫡孫（正当な血筋の孫）であり、浄大四の位を授けられ、治部省の長官を拝命されていた。高市皇子が薨じて後に、持統天皇は皇族諸王百官を宮中に召されて、立太子について相談した。その時群臣達は私情を持たれ議論は紛糾した。そこで葛野王が進み出て奏した。

「我が国の決まりでは神代より今日まで、子孫が相続して帝位を継ぐことになっています。もし兄弟の順を追って相続されるなら擾乱を招くでしょう。仰ぎ見まして天の心を論じ、誰が測ることができましょうか。人間社会の秩序を以てすれば跡継ぎは自然と定まっています。嫡子以外に後継者はなく、それに対して誰がとやかく申せましょうか。」

このとき座にあった弓削皇子が発言しようとしたが、王子は叱って止めてしまった。天皇はその一言で国が定まったことを喜んで、正四位を特別に与えて式部卿とした。享年三十七歳。

実際にこのような会議があったかどうかはわからないが、結局天智天皇と大海人皇子の盟約は、藤原氏と持統天皇の台頭により反故にされる。聖徳太子と皇極天皇の血統をひく天武系は次第に排除されてゆき、百済系一色になってゆくのである。

『懐風藻』に二首が採用されているが、そのうちの一つをここに紹介する。王子の人柄が表れているようである。

竜門山に遊ぶ

駕を命じて山水に遊び
長く冠冕(かんべん)の情を忘る
いづくんぞ王喬が道を得て
鶴を控きて蓬えいに入らむ

車を用意させて山水の景を見て遊び
永年の官務の煩から脱しえた
何とか王喬のようんな仙人の道を体得し

鶴に乗って仙山に入りたいものだ

父大友皇子は、祖父大海人皇子と争って死に、母十市皇女は、大海人の為に、大友の動きを内偵し、その後の自殺説もある程悩んで若く亡くなっている。権力闘争の醜さは、身にしみていたのだろうか。葛野王は、祖母額田王のような文人肌の人物だったらしく、権力欲とは縁のない性格だったのかもしれない。上掲の漢詩も、仙人になりたいという願いを語っている。

なお、この記事に出てくる弓削皇子が、柿本人麻呂のことであることは、『柿本人麻呂と小野小町』で詳しく論じた。このようなやり取りの後、人麻呂は左遷されたのであろう。人麻呂の詠んだ左遷に関連する歌が、『万葉集』に残っている。

万葉集二五二

荒栲(あらたえ)の　藤江の浦に　鱸(すずき)つる　白水郎(あま)とか見らむ　旅行(ゆ)くわれを

別の本に、もう少し意味のとりやすいヴァージョンがある。

白栲の　藤江の浦に　いざりする　白水郎とか見らむ　旅行くわれを

「荒栲」「白栲」共に百済系の新興勢力の衣服の布地を意味する。『百人一首』の持統天皇の歌にも白栲が出てくることは後述する。

「藤江の浦＝藤原氏の裏」である。

「いざり＝漁＝居去り＝足がたたない」「白水郎＝あま＝天津神系」などから、後者を意訳すると

新興勢力の藤原氏の前に、なすすべもなく左遷されてゆく天津神の後裔と、人々は、旅ゆく私を見るのだろうなあ。（中島）

人麻呂は、ただの歌人ではなく、政治的な発言もするような人物だったのである。

6　持統天皇と旧日神の遷座

山神系のスサノオが滅びた後、天智天皇が即位した時点では、最高神は日神ニギハヤヒであったと考えられる。天智天皇は、日神との繋がりを持つために額田王（倭姫皇后）を求め、天武天皇は自身が日神系（海神系）の長として大海人皇子を名乗った。

天武天皇は、晩年の五年ほどは、病床にあり実質的な政務は行なっていない。この引退記事は、

天武一〇年二月二五日
草壁皇子を立てて皇太子とし、一切の政務を預からせられた。

である。ところが二年後に、

天武一二年二月一日
大津皇子が初めて朝政をお執りになった。

とあるから職名は明記されていないものの大津は実質的に摂政になった。草壁皇子と同年代の大津皇子が政務をとったということは、後者に人望があった（『懐風藻』の人物描写）ことと、どうやら草壁皇太子では政務がうまく行かなかったということではないかと想像される。

天武天皇の崩御から間も無くして、有名な大津皇子の謀殺事件が起こる。首謀者は草壁皇子とされるが、持統皇后も絡んでいたかもしれない。大津皇子に関しては、後述する。

数年後草壁皇子も亡くなる。死因は不明である。さて、持統皇后は天皇として即位するが、ここに一つの問題がある。天武天皇の皇子たちなら、皆日神系の血を引いているので、問題がないのだが、持統皇后自身は日神ニギハヤヒの血筋は引いていない。持統皇后と藤原氏のとったアクロバティクな解決法は、旧日神ニギハヤヒを遷座し、持統天皇自らを新しい日神アマテラス（現人神）とすることだった。

持統紀朱鳥六年（六九二）に「大三輪高市麻呂の諫言と伊勢行幸」という記事がある。この時三月三日に伊勢詣に出発したいといった天皇に対して、「中納言大三輪高市麻呂が伊勢行幸は農事の妨げになるからやめるように諫言した。」というものである。例えば聖徳太子の十七条憲法の中にも、農業や養蚕の妨げになるようなことをしてはいけないというのがあるが、この諫言は、そのような従来の考え方に基づいて正論を主張したということのようである。しかし、天皇は聞き入れず、三月三日に広瀬王、当麻真人智徳、紀朝臣弓張らを行幸中の留守官に任ぜられた。高市麻呂は職を賭して重ねて諫言したが、天皇は行幸を強行した。

この行幸に関連した歌が『万葉集』にあり、この行幸が旧日神の左遷に関連しており、また天皇の留守中に京で変事が起こったことが察せられる。

伊勢国に幸しし時に、京に留まれる柿本人麻呂の作れる歌

万葉集四〇

嗚呼見の浦に　船乗りすらむ　感嬬(をとめ)らが　珠裳の裾に　潮満つらむか

「ああ（感嘆）身のうらに」ととると「感嬬ら＝女官たち」が、「身上の末に伊勢の島に左遷された」とも取れる。「潮満つらむか」は、「持統天皇が行動を起こす機が熟したのか」とも読める。

万葉集四一
くしろ着く　手節(たふし)の崎に　今日もかも　大宮人の　玉藻刈るらむ

美しい釧をつける、手節の崎の岬に、今日も大宮人たちは藻を拾っているだろうか。（中西）

「玉藻刈る」は、落魄の行為とされているから、「大宮人」は左遷されたのである。

万葉集四二
潮騒に　伊良虞の島辺　漕ぐ船に　妹乗るらむか　荒き島廻(しまみ)を

この歌は「妹＝妻」と具体的に私的感情を歌っている。この歌の妹は人麻呂の妻であり、さらに次の歌の詠者が人麻呂の妻であることがわかる。

万葉集四三　当麻真人麿の妻の歌

わが背子は　何処行くらむ　奥つもの　隠(なばり)の山を　今日か越ゆらむ

私の夫は、どの辺りを旅していよう。遠い彼方の隠の山を今日は越えているのだろうか。

（中西）

まず、柿本人麻呂と当麻真人麿が同一人物であることが、確定する。さらに留守官のリストの中から、当麻真人智徳が、当麻真人麿と同一人物であることも、推定される。さて、歌の解釈であるが、中西氏は、「隠＝なばり＝伊賀国の名張」と読んでいるが、留守官に課せられたペナルティーとしては、今一つ理由がわからない。私はもっと苛酷な処分、すなわち「隠＝隠州＝隠岐」ととる。人麻呂の左遷に関しては、『柿本人麻呂と小野小町』でより詳しく論じた。

この行幸には、後の左大臣石上麿も従っていて、旅先で、諫言を行った大三輪高市麻呂に関連したと思われる歌を詠んでいる。

万葉集四四　石上大臣の従駕（おほみとも）にして作れる歌
吾妹子を　いざ見の山を　高みかも　大和の見えぬ　国遠みかも
吾妹子乎　去来見乃山乎　高三香裳　日本能不所見　国遠見可聞

この歌の意味は、漢字表記を解釈しないとわからない。まず、「高三＝大三輪高市麻呂」、そして「日本＝日神の元」。難しいのが「香裳」で、これを音読みにして、「公相＝天子を補佐する最高の官」或いは「公傷＝公務による傷」ととる。一〇年後の『続日本紀』に

大宝二年（七〇二）
従四位上の大神朝臣（おおみわ）高市麻呂を長門守に任じた。

の記事があるから、同一人物なら左遷され官位を落とされたことが、察せられる。わかった部分だけ解釈をまとめると、

本来の日神は、伊勢に左遷されてしまった。そして旧日神系の大三輪高市麻呂も、天子を

補佐する最高の官僚だったが、諫言を行ったことで、やはり流されてしまった。もう旧日神系は、神様も人も大和の見えない遠い所へ行ってしまったことだ。（中島）

『万葉集』および『百人一首』に採られた持統天皇の歌は、勝利宣言である。

万葉集二八　天皇の御製歌

春過ぎて　夏来るらし　白栲の　衣乾したり　天の香具山

旧日神系を含めて、和邇氏（春日氏）を滅ぼして、夏の時代がやってきた。我が白栲の衣を、かつての和邇氏の聖地天の香具山に干している。（中島）

ちなみに、白栲の衣は、百済系の衣服をさす。もう天の香具山など聖地ではないと宣言したのである。

現人神という概念は、持統天皇にはじまるのではないか。『万葉集』を読む限り、聖徳太子にしろ、斉明天皇にしろ、生前は人間として歌われており、「神」という分類ではない。持統天皇だけ違うのだ。

万葉集二三五　天皇の雷の岳に御遊しし時に、柿本朝臣人麻呂の作れる歌一首
大君は　神にし座せば　天雲の　雷の上に　廬らせるかも
大君は神でいらっしゃるから、天雲にとどろく雷のさらにその上に、仮にやどりをしておいでになることよ。（中西）

天武天皇の崩御が朱鳥元年（六八六）で、持統天皇の伊勢行幸が、朱鳥六年である。たった六年で、旧日神が滅びてしまった。『日本書紀』が額田王（倭姫皇后）について、死亡記事を含めて一言も語らない理由は明らかである。額田王は、天智天皇にとって旧日神のステータスシンボルだったのだから。朱鳥年間、及びそれに続く文武年間は、不吉な時代で、多くの皇族高官が、原因不明のまま亡くなっている。例えば、重要人物葛野王は、三十七歳で早世している。

聖徳太子の「政治的死」は、六二二年、蘇我入鹿としての太子の暗殺は、六四五年。斉明天皇の中大兄による処刑は、六六一年。この四〇年で、山神系は大王の位を失う。六六八年、天智天皇が即位し、旧日神の時代が始まり、敗者山神系に対して、厳しい弾圧が続く。ところが、その旧日神系も、六九二年の持統天皇による伊勢遷座により終わる。旧日神は三〇年で滅びたことになる。

7　物部守屋の反乱の謎

『万葉集』は、「聖徳太子の政治的死（信濃への左遷）」以前に何が起こったかに関しては何も語らない。唯一のヒントは、「雄略天皇＝舒明天皇」という同定である。つまり、雄略紀の内容を、それが七世紀に起こったこととして、翻訳せねばならないが、それは、この本の本筋を外れるので、ここでは考えない。太子の政治的死以前に関して、わずかながら情報を提供するのが、『今昔物語』である。物部守屋の反乱（丁未の乱）の記述を見てみよう。

此の時に、国の内に病発て死る人多かり。其の時に、大連物部弓削の守屋・中臣の勝海の王と云う二人有て、奏して云く、「我が国、本より神をのみ貴び崇む。然るに、近来、蘇我大臣仏法と云う物を発て行ふ。是に依て、国の内に病発て民皆可死し。然れば、仏法を被止てのみなむ人の命可残き」と。此に依て、天皇詔して宣、「申す明けし。早く仏法を可断し」と。亦太子奏し給く、「此二の人未だ因果を不悟。善き事行へば福忽に至る。悪事を政てば過必来る。此二の人必ず過に会なむとす」と。然と云へ共、天皇、守屋の大連を寺に遣て、堂塔を破り仏経を焼しむ。焼残せる仏をば難波の堀江に棄てつ。三人の尼をば責打て追出しつ。

こうして、守屋の排仏運動がおこる。

此の日、雲無くして大風吹き雨降る。其時に、太子、「今禍発ぬ。」と。其後に、世に瘡の病発て、病痛む事焼割くが如し。然れば、此の二の人悔ひ悲て奏して云く、「此の病ひ苦痛き事難堪し。願くは三宝に祈らむと思ふ」。其時に、勅有て、三人の尼を召て、二人を令祈む。亦、改めて寺塔を造り仏法を崇むる事、本の如く也。

この時、守屋と中臣勝海に仏罰が下る。二人は酷く病んで、改心して、仏に祈った。本来ならば、これで一件落着のはずであった。この後太子の父用明天皇が即位し、三宝に帰依するとの詔を出した。ところが、話はこれで終わらない。

而る間、人有て、窃に守屋の大連に告て云く、「太子、蘇我、人々謀をなすめり。兵をまうけよと。」守屋、阿都家に籠居て、兵士を集めまうく。中臣の勝海の連、武者を寄越して守屋の大連をあひたすけむとす。亦、此二人の、天皇を呪い奉ると云ふ事聞えて、蘇我の大臣、太子に申して、共に軍を引将て守屋を罰むと為る。

さて、ここで「人有て」という謎の人物が出てくる。守屋には、太子と蘇我大臣が守屋を討つための謀議をしているといい、蘇我大臣には、守屋と勝海が用明天皇を呪詛していると語る。この謀略を図ったのは、誰であろうか。大王家小野氏と、軍事を担う物部氏の対立により得をする人物は、国内にはいないであろう。一方、物部氏が敗れれば、大和の軍事力のかなりの部分が、損なわれる。守屋の反乱（丁未の乱）は、五八七年で、百済勢力による聖徳太子の左遷（六二二）までには、まだ時間があるが、百済勢力の謀略が、すでに始まっていた可能性も否定できない。『日本書紀』は、崇仏派と排仏派の対立をことさら強調するが、百済からの仏教の流入自体が、百済による大和を弱体化させるための国策であった可能性も、あるのかもしれない。『万葉集』の助けを借りることができずに、歴史を考察するのは、この程度が限界である。

第4章　聖徳太子の最期

1『万葉集』における太子の最期

『万葉集』巻第十六、由縁ある雑歌と分類された歌々の最後に、ひっそりと置かれた怕しき物の歌三首。詠者は不明であり、詞書もない。ヒントといえば、そのしばらく前に出てくる歌々が斉明天皇の九州親征に関連したものであることくらいであり、恐らくは小野の故事に関連したものであろうということだけである。しかし、一方で『万葉集』の編者が実は最も伝えたいことを示唆しているようにも思える。言い換えれば、これらが理解されて、はじめて、『万葉集』の理解が完成する。ここからは、想像をたくましくして、解釈を試みる。小野関連で、斉明天皇とも関係していて、怖ろしいもの、とすれば、その最たるものは、聖徳太子の暗殺である。そこまで絞り込んだうえでこの予想があっているかを検討してみよう。

まず、万葉集三八八七から。

万葉集三八八七

天なるや　神楽良(ささら)の　小野に茅草(ちがや)刈り　草刈りばかに　鶉立つも

天尓有乎　神楽良能小野尓茅草刈　草刈婆可尓鶉乎立毛

「天＝天津神の後裔」である。

「神楽良＝ささら＝ささらえ壮士＝愛すべき男＝月人壮士とほぼ同義語」と考えられる。

「草＝種＝血統」と取ると、「茅草刈り＝血統を刈り取る」となる。

「婆可＝はか＝図＝はかりごと」であろう。

「鶉立＝うづらだち＝いきなり飛び出す＝刺客がぱっと飛び出す」と解釈する。

解釈をまとめると、

天津神の後裔だからであろう。愛すべき小野の壮士が、その血統を断つためのはかりごとで、いきなり飛び出してきた刺客に、殺されてしまった。（中島）

小野の壮士とは、聖徳太子のことであろう。聖徳太子の暗殺が、宮中ではなく、屋外であったことが想像される。

次に、万葉集三八八八はどうか。

万葉集三八八八
奥つ国　領く君が　塗り屋形　黄塗りの屋形　神が門渡る
奥國　領君之　塗屋形　黄塗屋形　神之門渡

「奥つ国　領く君＝すでに薨去したとして、あの世を（本田善光として）支配していた君」ととる。
「黄色＝天子の色」なので、「黄塗りの屋形＝黄色の天子の棺」である。
「神が門渡る＝本当に（生物学的に）死んでしまう」ということであろう。

私流の解釈では、

すでに公式には薨去して、あの世を支配していた君。その君の黄色の天子の棺が、本当に神の国の門を越えてしまった（本当に亡くなってしまった）。（中島）

すでに、本田善光として、仏の世界を支配していた聖徳太子。この場合は、上宮聖徳法王という呼び名が良いかもしれない。この歌も、太子が大王（天子）であったことを示唆している。聖徳太子が元々は、崇峻天皇であった可能性は、すでに述べた。

最後に、万葉集三八八九を考察する。この歌は、一筋縄ではいかないので、わかる部分から辿ってから全体をまとめる。

万葉集三八八九
人魂の　さ青なる君が　ただ独り　逢えりし雨夜の　葉非左面ほゆ
人魂乃　佐青有公之　但独　相有之雨夜乃　葉非左思所念

まず、「葉非左面ほゆ」から。

万葉集三一〇一
紫は　灰指すものぞ　海石榴市(つばいち)の　八十の衢に　逢へる児や誰

という歌があり、「紫は　灰指すものぞ＝紫の染料には灰汁を入れるものよ」で、これは、女を紫に男を灰汁に例えて、「女が結婚して美しくなるの寓意」とされる。

「葉非左面ほゆ」から、この歌の主体が皇極天皇（斉明天皇）であり、太子の死を悼んでいるのではないかと、見当がつけられる。

そこで、皇極紀の入鹿の死亡記事によれば、

この日雨が降って、庭には溢れる水が一杯になった。莚蔀(むしろ)で鞍作（入鹿）の屍を覆った。

とあるから、「雨夜」との関連がつく。

「人魂＝新仏」と「佐青有公＝青（未熟者）を補佐する公＝摂政の君＝入鹿」である。これ

だけ準備して、全体の解釈をまとめると、

新仏になってしまった摂政の君と、たった一人で雨夜に対面していると、本来の夫はあなただったのにという思いが募ったことだった。（中島）

この歌は、皇極天皇が、せっかく再会できた元夫と、数年で死別することになった悲しみを詠んだものと解釈できる。怕しき物の歌三首の詠者は、その技量からして、柿本人麻呂か、山上憶良であろう。

聖徳太子と斉明帝の死は、『万葉集』の基底を伏流する悲しみである。

以上で王朝交代期の歴史の概観を終わる。

第5章　和邇の分裂

1　軍王の歌

第4章までで、七世紀における王朝交代の概観を与えた。これからは、個別の問題をより丁寧に扱っていこうと思う。まず最初に、王朝交代と呼べるものは、日本には七世紀のものの一度しかなかったということを論じる。ヒントは、万葉集五である。

讃岐国安益郡に幸しし時に、軍王（いくさのおおきみ）の山を見て作れる歌

霞立つ　長き春日の　暮れにける　わづきも知らず　村肝の　心を痛み　鵺子鳥　うらな
け居れば　玉襷　懸けのよろしく　遠つ神　わご大君の　行幸の　山越す風の　独り居る
わが衣手に　朝夕に　返らひぬれば　大夫と　思へるわれも　草枕　旅にしあれば　思ひ

遣る　たづきを知らに　網の浦の　海処女らが　焼く塩の　思ひそ焼くる　わが下ごころ

この歌は、解釈が難しいとされてきた。詞書が特に難しい。天皇が讃岐国に行幸したという記述は、歴史書にはなく、軍王が誰だかもわからない。ここでは、「軍王」と、「長き春日の　暮れにける」の二点に絞って、この歌の伝えたいことの要旨を汲み取ってみよう。

軍王というからには、この王は、戦いに赴く途中なのではないかと考えられる。そして、その戦いに関しては、悲観的な見方をしている。その点では、万葉集八の「熟田津に」の歌と共通している。「熟田津に」の歌では、斉明帝が「死ぬのも本望である」と詠んでいた。ならば、軍王は、斉明親征に従軍した人物ではなかろうか。『日本書紀』によれば、斉明帝崩御の一月前に、伊勢王が亡くなっている。この伊勢王は、聖徳太子と斉明帝の子であり、古人大兄の兄である。また善光寺伝承では、本田善介に相当する。私の解釈は、軍王とは、伊勢王のことである。

「長き春日の　暮れにける＝長春日乃　晩家流」は、長く続いた春日氏の時代が、終わりであると言っている。この一言は、重要で、「天足彦国押人尊＝スサノオ＝孝昭天皇」に始まる春日氏（和邇氏）がそれまで途切れたことはなかった。和邇氏は、山神系に始まり、日神系とも融合し、成り立ってきた大和大王家だが、七世紀まで王朝交代と呼べるほどの変革はなかったと思われる。

2 『日本書紀』の童歌（わざうた）

斉明帝の九州親征と小野の分裂に関して、以下の記事が斉明紀六年にある。

この年、百済のために新羅を討とうと思われ、駿河国に勅して船を造らせた。造り終わって続郊（伊勢国多気軍麻績）に引いてきた時、その船は故もなく、艫と舳が入れ替わっていた。人々は戦ったら敗れることを悟った。信濃国から言ってきた。「蝿の大群が西に向かって、巨坂（おおさか）を飛び越えていきました。大きさは十人で取り囲んだ程で、高さは大空に達していました。」と。これは救援軍が敗れるというしるしだろうと悟った。童歌が行われた。

『日本書記』の記事だから当然斉明帝は新羅と戦うことになっている。ここで興味深いのは、

「麻績」と「信濃国」に問題が起こったことである。麻績善光（本田善光）は、聖徳太子のことであり、麻績は、太子と斉明帝の子らの姓である。ここまで前置きした上で難解な童歌に進む。難解なのは当然である。この童歌は、太安万侶のような検閲者が理解できないようにしながら、わかるものだけに事実を伝えようとしているからである。『日本書紀』の編者の中にも、真相を伝えようとする旧勢力の後裔がいたことを意味している。

摩比邏矩　都能倶例豆例　於能弊陀乎　邏賦倶能理歌理鵞　美和陀騰能理歌美
烏能陛陀乎　邏賦倶能理歌理鵞　甲子騰和　与騰美　烏能陛陀乎　邏賦倶能理歌理鵞
マヒラク　ツノクレズレ　ヲノヘダカ　ラフクノリガリガ　ミワタトノリカミ　ヲノヘダカ　ラフクノリガリガ　カウシトワ　ヲノヘダカ　ラフクノリガリガ

漢字から音読みのカタカナにする際に、『日本書紀』（宇治谷孟訳）では、「乎」を「ヲ」としているが、私は文脈から「カ」を当てている。解釈を試みる。

「摩比邏矩＝麻ひらく＝麻績が分裂してしまった。」

「都能倶例豆例＝ツノクレズレ＝津某連＝（『日本書紀』の文脈からは）津守吉祥連」

「於能弊陀乎＝ヲノヘダカ＝小野を隔てるか」

「邏賦＝ラフ＝臈」とは、『広辞苑』によれば、「僧侶が受戒後、安居（修行の一種）の功を積んだ年数」であるが、僧侶と言えば、出家して吉野にあった古人大兄皇子が、思い浮かぶ。

「倶能＝クノ＝功能＝効き目」。

「理歌＝りか＝利勘」

「理鵞＝飼い慣らされた飛べない鳥の理性」

「美和陀騰能理歌美＝ミワタトノリカミ＝三輪他との利益を加味」

「烏能陛陀乎＝ヲノヘダカ＝小野を隔てるか」

「申子騰和＝カウシトワ＝巧者が和邇の頂点に昇る」

「与騰美＝富を与え」

解釈をまとめると、

麻績が分裂してしまった。津守某連が小野を分断してしまったのだろうか。長年新興勢力に懐柔されてきた古人大兄の利勘が三輪伝承を改竄し、小野を分断してしまったのか。飼い慣らされた古人大兄が、要領の良さで、和邇の頂点に昇り、富を与えて小野を分割したのか。ああ飼い慣らされた古人大兄の利勘が嘆かわしい。（中島）

古人大兄の生い立ちはわからないが、兄の伊勢王が父の聖徳太子（本田善光）と、信濃国に赴いたのと違って、幼年期から都で、新興勢力の中で暮らしたのかもしれない。少なくとも状況証拠として、中大兄の娘や、中臣鎌子の娘を妃にしていることから見て、新興勢力に懐柔されて育ったと見られる。もし、旧体制が続いていたなら、皇位継承権は、異母兄の粟田氏の皇子や、同母兄の伊勢王にあったはずで、その継承権順位は低かったと思われる。その事情を示唆するのが、「申子騰和」という表現なのであろう。

第6章　善光寺にまつわる謎

1　御詠歌

御詠歌は、寺の由来を象徴するものが多い。善光寺には、三つの有名な御詠歌がある。

埋もれし　難波の池の　阿弥陀如来　背なにおいめす　本田善光

この歌は、特に深読みを要しないと思うが、敢えていうなら、「本田」が、「誉田天皇＝応神天皇」の後裔であることを示唆しているようである。

身は此処に　心は信濃の　善光寺　導きたまえ　弥陀の浄土へ

「身は此処に＝三輪此処に」とも読める。

『善光寺縁起』によれば、本田善介と皇極天皇が地獄から生還したのち、善光と善介は、宮廷に招かれそれぞれ信濃と甲斐の国守となる。二人が信州伊那郡に帰郷した七日目に、立派な身なりの公卿一人がやってきて、善光に告げる。

「彼の阿弥陀如来を日本第一の高所にお移ししてはどうか。当国水内郡は此処より遥かに上ったところである。およそ信濃国は日本の中で四十丈の高国である。その中でも水内郡は第一の高所であるが、そこではどうかと日本の神たちが三輪の社でこの七日にご詮議された。私は諏訪郡に住むものである。」

と言って空をかけてお帰りになった。諏訪郡に住むものとは、諏訪大社の神職のことである。

善光寺は、仏教寺院であるが、その創建には、三輪を中心とする神々が関わっている。『善光寺縁起』によれば、善光寺の創建は、皇極三年（六四四）であり、聖徳太子が摂政として復活していた頃である。この伝承は、タイミングとしてもっともらしい。

うしとのみ　思いはなちそ　この道に　なれを導く　おのが心

この歌は、深読みが可能である。

「うしとのみ＝憂しとのみ」。「おのが心＝小野が心」として

憂鬱だと思って投げやりになってはいけません。神牛が導くこの道にはあなたを導く小野の心があるのだから。（中島）

和邇系の神社には、神牛の像がはべっていることが多い。この牛はスサノオを意味するようである。善光寺は、寺院とはいえ神々をも包含するのである。神仏習合は、善光寺の段階ですでに始まっている。「憂し」と思う和邇系の人々は多いと思うが、一人例をあげれば、斉明天皇である。意に反して舒明皇后となり、太子と再会しても、ほんの数年で、太子は入鹿として暗殺されてしまう。最後は、中大兄に弔い合戦を挑み、処刑される。斉明天皇は、崩御から埋葬まで六年ほどかかっているが、或いはその間に善光寺で法要が営まれたのかもしれない。

2 ご本尊一光三尊阿弥陀如来

仏像としての善光寺如来像に関しては、さまざまな考察がなされている（『善光寺の謎』宮元健次）。善光寺如来は、金銅仏で、阿弥陀如来を中心に、向かって左に勢至菩薩、右に観世音菩薩が控える三尊の立像であり、その三尊の後ろに、それらを包むように、一つの光背がある。手印に特徴があり、左手の第二指と三指を下に伸ばし、他の指を折り曲げた「刀印」を持つ。このような特徴を持つ金銅仏は、五世紀から六世紀の中国で作られているという。一方、刀印は、法隆寺本尊の釈迦如来像など飛鳥時代の我が国の仏像にも見られる。法隆寺本尊は、中国南朝の南梁からの渡来人司馬達等の孫である鞍作止利によって作られている。私は、善光寺如来が鞍作止利によって作られた可能性もあると考えている。

この善光寺如来は、人の温もりを持っていたという。これは、三体の仏像が実在の人物に対応していることを示唆する。

『塵添壒嚢抄』によれば、この三体は、以下の人物を意味している。阿弥陀如来は、聖徳太子の母、穴穂部間人皇后、観世音菩薩は、聖徳太子、そして勢至菩薩は、聖徳太子の妃、という対応である。ここで太子妃とは、誰かが問題となるが、『善光寺縁起』における重要性から、皇極天皇のことであると思われる。

この三人の共通点は、ある意味で生き地獄を経験していることである。まず聖徳太子は、薨去したとして、信濃国への左遷を余儀なくされた。穴穂部間人皇后は、夫用明天皇の死後、聖徳太子の異母兄、田目皇子に嫁いだとされるが、元皇后が、夫の死後夫の息子に嫁ぐというのは、かなり異常な事態である。私はこの田目皇子とは、大王家とは血縁のない、田村皇子、即ち後の舒明天皇のことではないかと考える。「ためみこ」というのは、一種の蔑称ではないかと思われる。穴穂部間人皇后は、意に反して「ためみこ＝雄略天皇＝舒明天皇』の妃となり、生き地獄を経験したのである。元太子妃だった皇極天皇も、聖徳太子と別れ、意に反して舒明皇后となっている。そのこと自体が生き地獄なのである。

3　聖徳太子と善光寺如来

『塵添壒嚢抄』は一四四五年に書かれたことになっているので、そこに記述されているのは、中世の人々の善光寺の理解である。そこで、一つ一つの記事には、時代錯誤が見られるので、部分的には正しくても、そのままでは歴史にはならない。エッセンスを拾い上げることが必要である。聖徳太子と善光寺如来とのやりとりは三度あったとされるが、それらを吟味してみる。私は、本田善光が左遷された聖徳太子だと考えているので、これらのやりとりには、やや批判的である。

第一の通信は、

如来がまだ伊那郡の善光の家におられた時、推古天皇の御宇に浄土の業が他の仏法に優れているからと、聖徳太子が欽明、用明並びに守屋の与力の逆罪を救うために、八人の大臣と共に時宗となって、清涼殿において常行三昧の念仏を七日七夜称名されました。そしてその功徳の有無を善光寺如来にお尋ねになりました。その消息には、

名号を称揚して七日終われば　これはこれ広大の恩を報ずんがため
本師阿弥陀尊を仰ぎ願うは　我を助けて済度して常に護念したまえ
八月十五日　勝鬘上す
本師善光寺如来御前へ

と書かれ、三度礼をして小野臣好子の大臣のお使いとして遣わされた鳥駒が参られ、善光をもって献上した際、善光が硯や料紙を副えて御帳の中に差し入れてお待ちしていると、墨をする音が聞こえて、ご返事と硯とを押し出されました。その御詞には次のようにありました。

一念の称揚休み留まることなく　何ぞいわんや七日の大功徳においておや
我は衆生の心に無間に侍る　汝よく済度するにあに護せんずや
八月一八日　善光
上宮太子御返報

この文章には、さまざまな錯誤がある。

守屋は、「与力」ではない。与力は室町時代の言葉である。

「時宗」は、鎌倉時代一遍上人によって始められた浄土宗の一派である。言いたいことは、浄土信仰ということである。

「清涼殿」は平安京の内裏である。

これらは、『塵添壒嚢抄』が編纂された時代性を考慮すればまだ許容できる。しかし

「小野臣好子の大臣」は問題である。小野好古（普通は好子とは書かない）は、小野篁の孫であり、九世紀から十世紀にかけて生きた人物である。また、大臣という程の高位でもない。
聖徳太子の生きた時代の大臣とは、小野妹子である。穿った見方をすれば、あえて時代錯誤の「小野」の人物を持ち出した可能性もある。「蘇我馬子」と言わずに、大王家が「小野」であったことを微妙に示唆したのかもしれない。
さらに「鳥駒」は、仏師「鞍作止利」を暗示する。鞍作止利ならば、善光寺如来を作るだけの技量は持ち合わせていたと考えられる。或いは、本田善光（左遷された太子）の元に善光寺如来像を届けたのが、鞍作止利であったのではないか。私は、聖徳太子が常行三昧の念仏を七日七夜称名したことは、否定しない。しかし、聖徳太子が都にあって、その功徳を信濃にあった善光寺如来に尋ねたというのは、創作であると考える。実際は、聖徳太子（善光）も、善光寺如来も、信濃国伊那郡にあって、そこで念仏が行われたと考える。

二度目の太子からの書簡は次のようなものである。

大慈大悲の本誓願　衆生を愍れみ念ずること一子のごとし

この故に方便として西方より　片州に誕生して正法を興す
我が身は救世観音　定恵女と契り大勢至
我が身を生育し大悲母　西方の教主弥陀尊
真如真実本一体　三の契り一体にして同じく一身
変域化縁また既に尽きる　西方の我が浄土に帰り
末世の諸衆生を度さんがため　父母生むところの血肉の身を
この廟窟の勝地に遣わし留め　三骨一廟三尊の位
過去七仏法輪の処　大乗相応の功徳の地
一度でも参詣すれば悪趣を離る　決定極楽界に往生す

この文章にも、時代錯誤がある。それは、「定恵」である。定恵が生まれたのは、皇極二年（六四三）。出家して名を受けるのは、もっと後であろうから、聖徳太子（蘇我入鹿）の死（六四五）以降の事と考えられる。従って太子が書いた書簡に定恵が出てくるとは、思われない。

また生前の太子が自身を「救世観音」と称することは、あまり無さそうに思える。この書簡も後の時代の創作であろう。なお、この書簡を都から善光寺にもたらした使者は、調子丸であるというが、この人物は、百済系の渡来人であったという。調子丸は、『今昔物語』にも出てきた使丸のことである。太子が信濃に赴いた時、それに伴ったのが調子丸であった。

第三の通信は、黒駒に乗った甲斐の黒木と、究駄に乗った調子丸によってもたらされた。

州域化縁脱し終わる　平等一子衆生界
よく一切の重業の障りを除く　兆戴き永劫の菩提をなす
群生を済度し教体を同じくす　常に本師如来国を願う
口に称し誓願して持功に報ず　あに固持し護念せざるや

如来のお返事は、

汝は是救世大世尊　よく衆生を度して済うこと我の如し
父母より生まれることの引導の身　一切の有情同じく利益
超世の大願人を遇すため　五逆の重罪称念する者の

六方名号を護念する故　運の心取り持ちして安楽に生ず

すでに二つ目の書簡が創作と考えられるため、その後の三つ目の書簡も創作であろう。如来からの返答を見ると、どうやら聖徳太子が薨去したことを意味するようにも思える。（生物学的に）死して「救世大世尊」となるのである。調子丸が「究駄＝究極の駄馬」に乗っていることが、『善光寺縁起』が、暗黙のうちに、聖徳太子（蘇我入鹿）を暗殺した百済系を非難しているようにも見える。

善光寺もその歴史の中で治外法権ではなく、百済系の政権の影響は色濃い。『善光寺縁起』によれば、善光寺如来は、百済を経由して日本にもたらされたと言われ、また本田善光の前身は、百済王であったという。しかし、一方で一光三尊像が、すでに述べたように、実在の人物に対応するという伝承もある。私には、仏像が太子の左遷の際に、我が国で作られた可能性もあるのではないかと思われる。先に述べたように、仏師鞍作止利ならば一光三尊阿弥陀如来像を作る技術を持っていたと考えられる。『上宮聖徳法王帝説』という書物のタイトルは、ある種の謎とされているが、聖徳太子が本田善光（法王）として、あの世を支配する一方、かつては大王であったということを示唆している（帝説）ように思われる。

「世間は虚仮なり、唯仏のみ是真なり」

という聖徳太子が妃橘大郎女に残したという言葉は、

「現生で、私が死んだというのは、嘘であり、これからは、仏の世界で生きてゆく」

ということを左遷の前に語ったのかもしれない。

第7章　紀氏について

1　膳部菩岐岐美郎女

膳部菩岐岐美郎女（かしわでのほききみのいらつめ）は、聖徳太子の妃の一人であり、『上宮聖徳法王帝説』によれば、二人の間には、八人の子がいた。膳職（かしわでのつかさ）とは、朝廷の食事を用意する職であるが、この膳氏が、紀氏のことであったことが、『日本書紀』の天武天皇の殯宮の記事からわかる。

紀朝臣真人が膳職のことを誄（しのびごと）した。

太子妃を出す程だから、非常に有力な氏族であり、小野氏の分家と考えられる。紀氏が、元々は和邇氏の系統であったことは、山上憶良による紀清人の糾弾に関連してすでに述べたが、紀氏による大王家への裏切りは、聖徳太子の左遷以前に起こっていたことである。この事情を記述するのが、『上宮聖徳法王帝説』による、太子と膳部菩岐岐美郎女の死亡記事である。この場合の太子の死亡とは、勿論公式の死亡、即ち信濃への左遷のことである。

壬午年一月二十日に聖王（太子）が病の床につかれたという。同じときに膳大刀自（膳部菩岐岐美郎女）も病を得られた。大刀自は、二月二十一日に亡くなられ、聖王は二十二日に薨去された。膳夫人が前の日に亡くなられ、聖王は翌日に薨去されたということである。証拠になる歌がある。

斑鳩の　富の井の水　生かなくに　たきてましもの　富の井の水
伊我留我乃　止美能井乃美豆　伊加奈久尓　多義弖麻之母乃　止美乃井能美豆

膳夫人が病に臥せり亡くなられようとするとき、水を欲っせられた。しかし、聖王はお許しにならなかった。夫人はついに亡くなった。そこで、聖王は誄してこの歌をお詠みになられた。

太子の詠んだという歌を、深読みしてみる。

斑鳩は、他の歌では「伊加留我」と普通書かれるが、ここでは「伊我留我」としている。「伊我留我＝この我留まる我＝死んでゆく我とこの世に留まる我」さらに、「いかる我＝怒る我」もありうる。

「富の井の水」の「富」は、巨勢三杖大夫の歌

斑鳩や　富の小川の　絶えばこそ　我が大君の御名忘らえめ

にも出てくる。「富＝太子の系統」を意味するようである。
「多義弓麻之母乃」の直接の意味は「飲みたい」だが、漢字の意味をとると、「義理を持って申し上げる」もある。
意訳をまとめると、
私は、生きているのに、死んでゆくことになったことを、怒っている。私に不義を働いた膳部のお前に、私の血統を継いで、富の井戸の水を飲ませて、生かすわけにはいかないの

だ。（中島）

膳部菩岐岐美郎女の父親、膳部臣加多夫子の名前、「かたぶこ＝傾古＝旧大王家を傾ける」自体が、膳部氏の不義を暗示しているようにも思われる。『日本書紀』においては、紀氏の側から、太子との血縁を切っているが、『上宮聖徳法王帝説』（法隆寺釈迦三尊像光後銘）では、太子の側から、紀氏との関係を絶っているようである。

2 紀皇女

紀皇女は、天武天皇の皇女。母は、蘇我赤兄の娘、大蕤娘（おおぬのいらつめ）。蘇我赤兄が微妙な人物で、『日本書紀』を信じるなら、有間皇子の謀殺に関わったとされる。この赤兄の系統が、紀氏なのだろうか。『万葉集』によれば、弓削皇子（柿本人麻呂）の最愛の女性が、紀皇女であったようだ。

弓削皇子の紀皇女を思（しの）へる御歌四首

一一九

吉野川　逝く瀬の早み　しましくも　淀むことなく　ありこせぬかも

吉野川は流れゆく瀬の水が早いので私たちもたゆとう心なくありたいものだ（中西）

一二〇

吾妹子に　恋つつあらずは　秋萩の　咲て散りぬる　花にあらましを

吾妹子に恋い苦しんでいないで、あの秋萩のように美しく花ひらいては散っていくようでありたいものよ（中西）

一二一

夕さらば　潮満ち来なむ　住吉の　浅鹿の浦に　玉藻刈りてな

夕暮れになると潮が満ちてくるだろう。そうならぬうちに住吉の浅香の浦で玉藻を刈りたいことよ（中西）

一二二
大船の　泊（は）つる泊りの　たゆたひに　物思い痩せぬ　人の児ゆゑに

大船が宿る港の水のように心が揺れ動いてはあれこれ思いつづけて痩せたことだ。あの子のために（中西）

四つの歌は、時系列になっていて、通っていた心が、次第に離れて、ついには絶望的な状態になるまでを、次第に強い表現で詠んでいる。これらの歌は、人麻呂から紀皇女に贈られたものであろうが、紀皇女が返歌を贈った形跡はない。紀皇女による返歌はないが、一首だけ関連したと思われる譬喩歌がある。

三九〇　紀皇女の御歌一首
軽の池の　浦廻（うらみ）行き廻（み）る　鴨すらに　玉藻のうへに　独り宿なくに

譬喩歌であるから、何を例えているのかを意訳せねばならない。「浦廻＝怨み」を述べてくる「鴨＝人麻呂」ととる。　お馴染みの百人一首の人麻呂の歌

足日木乃　山鳥乃尾乃　四垂尾乃　長永夜乎　一鴨将宿

において「独りかもねむ＝一鴨将宿」と言っていることを思い出してほしい。紀皇女は、「一鴨将宿」と言いながら、人麻呂は本当は独寝してるわけではないだろうと考えているのである。紀皇女の歌のエッセンスは、

色々を怨みを言ってくる人麻呂ですら、独寝しているわけではないのに、私だけが独寝しているわ。

と言いたいのである。紀皇女も自由の効かない身の上だったのかもしれない。『万葉集』の物に寄せて想いを述べた歌と分類された、人麻呂が詠んだと思われる歌がある。

二七九五
紀の国の　飽等（あくら）の浜の　忘れ貝　我は忘れじ　年は経ぬとも

「紀の国」が紀氏の人々を指していると思われる。「飽等（あくら）」とは、あわびのことだが、この場合は、「悪辣」をかけているようだ。「忘れ貝」は、二枚貝の一片を拾うと、他の一片を、つまりは過去の恋人を忘れられるという寓意である。この場合は、紀皇女の方が、人麻呂を忘れてしまった、ということである。この歌を人麻呂が紀皇女に贈ったかどうかは、わからないが、深い怨念を感じる怖い歌である。意訳すると、

酷い仕打ちをする紀氏の一人である貴女は、私をすっかり忘れてしまったのだろうか。私にはどんなに時が経っても忘れることはできない。貴女も、受けた仕打ちも。（中島）

何度も配流を経験した人麻呂としては、無理やり引き裂かれたという思いがあるのかもしれない。紀皇女関連の歌を見ても、人麻呂と弓削皇子が同一人物であることは、間違いなさそうである。

３　紀清人

先に山上憶良が、紀清人（きよひと）による歴史改竄に対する抗議として、歌のやりとりをしたことを簡単に紹介した。ここではその詳細を記述する。まず、『続日本紀』からわかる清人の経歴を時系列で与える。

和銅七年（七一四）一月一日
従六位上の紀朝臣清人と正八位下の三宅臣藤麻呂に詔し、国史を撰修させた。

霊亀元年（七一五）一月一日
他数名と共に、紀朝臣清人に従五位下を授けた。

養老元年（七一七）七月二三日
従五位下の紀朝臣清人に籾百斛を賜った。学士の才能を賞めたのである。

養老五年（七二一）一月二三日

天皇は、山上憶良や紀朝臣清人らに詔して、役所から退室後は、皇太子（首皇子）に侍らせることにした。

養老五年（七二一）一月二七日

天皇は、詔して学者を褒賞した。文章（中国の詩文歴史に通じた者）の紀朝臣清人らに、絁（あしぎぬ）一五疋、絹糸一五絇（く）、麻布三十端、鍬二十口を賜った。

養老七年（七二三）一月十日

紀朝臣清人らに従五位上を授けた。

『古事記』の完成が、七一二年であるから、七一四年の記事から分かることは、紀清人らが関わったのは、『日本書紀』であろうということである。一つ注意したいのは、『日本書紀』の撰修が行われたのが、藤原不比等の晩年であり、『日本書紀』の完成した七二〇年は、不比等の没年である、ということである。『続日本紀』の記事から分かることは、位階の昇進や、物品を与える褒賞で、御用学者を懐柔し、『日本書紀』の完成を急いだということである。褒賞に清人の名が度々出てくることから、清人は、編纂の中心人物であったと考えられる。これだけの前置きをした上で、山上憶良のとった行動を見てみよう。その行動は、『万葉集』に記述されている。

万葉集七九九　神亀五年七月二一日　筑前守山上憶良上（たてまつ）る
大野山　霧立ち渡る　我嘆く　息嘯（おきそ）の風に　霧立ち渡る
大野山　紀利多知和多流　我何那宜久　於伎蘇乃何是尓　紀利多知和多流

大野氏（太安万侶か）の仕掛けた罠により、紀氏の利益が優先されて、多くの旧勢力の人々が流されてゆくのが、私には嘆かわしい。（歴史改竄の）大嘘が流れる風潮の中、紀氏だけが時流に乗って昇進して行き、多くの和邇の人々が流されてゆく。（中島）

それに続いて、

惑へる情を反さしむる歌一首併せて序

或は人あり。父母を敬うことを知りて、侍養を忘れ。妻子を顧みずして、脱履よりも軽みす。自ら倍俗先生と称ふ。意気は青雲の上に揚がるといえども、身体は猶塵俗の中に在り。いまだ修行得道の聖を験さず。蓋しこれ山沢に亡命する民ならむ。所以、三綱を指示し、また五教を開き、遺るに歌を以ちてして、その惑を反さしむ。歌に曰く

或る人がいる。その人は父母を敬うことは知っていながら孝養を尽くすことを忘れ、妻子を顧みずに、脱ぎ捨てた履物よりも軽んじている。自ら「俗に背を向ける先生」と称している。気概だけは青雲よりも高揚しているが、身は俗塵にまみれている。依然として道を修めた聖者とはいえない。恐らくこれが世に言う「山の中に逃亡する人民」なのであろう。そこで彼に三つの心得を示し、五つの教えを与えて、歌を以て贈り、惑った心を翻させようとする。その歌とは次の如くである。（中西）

万葉集八〇〇

父母を見れば尊し　妻子（めこ）見ればめぐし愛（うつく）し　世の中は　かくぞ道理（ことわり）　もち鳥の　かから

はしもよ　行方知らねば　穿沓(うけぐつ)を　脱ぎ棄(つ)るごとく　踏み脱ぎて　行くちふ人は　石木(いはき)より　成りてし人か　汝が名告らさね　天へ行かば　汝がまにまに　地(つち)ならば　大君います　この照らす　日月の下は　天雲の　向伏す極み　谷蟇(たにぐく)の　さ渡る極み　聞しをす　國のまほらぞ　かにかくに　欲しきまにまに　然にはあらじか

父母を見れば尊く、妻子を見ればかわいく愛しい。世の中はそれが道理ではないか。そう思うと、黐(もち)にかかった鳥のように、いくらもがいても、逃れがたく煩わしいことだ。父母妻子への気持ちは果てしもないのだから破れた靴を脱ぎ捨てるように、この煩いから抜け出して行く人は、岩や木から生まれた人だろうか。貴方の名をおっしゃい。天にでも行くのなら好きにしたらいいが、この地上には大君が居られます。この輝く日月の、天雲が遠くたなびく果てまで、ひき蛙が渡り歩く陸の果てまで、大君のお治めになるすぐれた国土である。こうこう大君がお望みになるように。そうではないだろうか。（中西）

万葉集八〇一　反歌

ひさかたの　天路は遠し　なほなほに　家に帰りて　業なりを　為しまさに

遥か彼方の天津神系は過去のものとなってしまった。貴方は家に帰ってご自分の仕事に励まれるとよろしい。（中島）

このやりとりがあった神亀五年は、聖武天皇の治世で、西暦七二八年である。憶良の歌にある「大君」とは、長屋王のことと考えられる。長屋王の変は、七二九年に起こるので、憶良による清人の糾弾は、その前年になる。憶良の歌からすると、長屋王を巡る情勢は、すでに逼迫していたようである。「大野山」の歌からすると、この時期和邇系の人々が次々に失脚していたのかも知れない。『万葉集』の少し前の歌七九四は、「日本挽歌」である。天武天皇の子高市皇子を父に持ち、天智天皇の子、御名部皇女を母にもつ長屋王は、旧日神系（ニギハヤヒ系）としては、申し分のない血筋を持っている。それだけに、不比等なきあとの藤原四兄弟にとっては、そして新日神系（アマテラス系）の聖武天皇にとっては、許せない存在であったのだろう。私には、長屋王の変が、『日本書紀』の記述する「山背大兄皇子一家の抹殺」に重なってしまう。なぜなら聖徳太子の血統は、ここで完全に途絶えたからである。

長屋王と紀清人との血縁や、憶良と紀氏との血縁はわからないが、憶良の歌からすると、かなり近いのではないかと思われる。憶良は清人より、二十歳ほど年長と思われるが、憶良が元同族の後輩の学者を戒めたというのが、実情かもしれない。「聖武天皇は、聖徳太子の生まれ変わりである。」との説がとられたことがあったというが、とんでもない偽善である。太子の血統を最終的に根絶やしにしたのが、聖武天皇と藤原氏なのだから。

第８章　天武天皇について

１　婚姻関係と子ら

天武天皇（古人大兄皇子＝大海人皇子）は、聖徳太子と宝皇女（皇極天皇）の次男と解釈している。長男の伊勢王（本田善介）が、父（本田善光＝聖徳太子）に従って、信濃国に赴いた一方で、古人大兄は、京に留まったと考えられる。百済系の人々の中で育った可能性があり、考えようによっては、一種の人質であったかもしれない。婚姻関係を知るために、『日本書紀』から妃と子を見てみる。ただし、（　）に私の解釈を加える。

皇后鸕野皇女（天智娘母不祥）、子草壁皇子

妃大田皇女（天智娘ではない）、子大伯皇女、大津皇子

妃大江皇女（天武妃ではない。伊勢王の妃）、子長皇子、弓削皇子
妃新田部皇女（天智娘かどうかわからない）、子舎人皇子
夫人氷上娘（鎌足娘）、子但馬皇女
夫人五百重娘（鎌足娘）、子新田部皇子
夫人大蕤娘（蘇我赤兄娘）、子穂積皇子、紀皇女、田形皇女
額田王（鏡王娘）、子十市皇女
尼子娘女（胸形君徳善の娘）、子高市皇子

『日本書紀』には、創作があると思うので、まずその点から見ていこう。
斉明紀によれば、大田皇女は、斉明天皇の九州遠征に参加していた。そして、遠征軍の船が大伯の海（岡山県）についた時、大田皇女が、女の子を産んだので、その子を大伯皇女と名付けたという。身重の皇女が参戦するのも不思議だが、その戦う相手が父親（中大兄）というのも異常である。私は、この記事が大田皇女と中大兄に血縁がないことを伝えているのではないかと考える。

鸕野皇女は、確かに天智天皇の娘であろう。しかし、鸕野皇女が大田皇女の実の妹というの

は、創作と考える。母親は不祥だが、百済系の人物であろうと想像される。持統紀の「大津皇子の変」の終わりに、「この年蛇と犬とが相交るんだのがあったが、しばらくして両方とも死んだ。」という不気味な一文がある。大津皇子を謀殺して、数年後に死んだのは草壁皇子である。大津皇子は、その母大田皇女が蛇に象徴される大物主神の後裔であるから、犬は草壁皇子の母鸕野皇女を象徴するのだろうか。狛犬が、高麗を表すのかもしれない。私は、『日本書紀』に見られるこのような一文を「超越者の言葉」と呼んでいるが、おそらく藤原不比等が加えたコメントではないかと考える。

次に大江皇女。私は、長皇子と弓削皇子（柿本人麻呂）は、伊勢王の子であり、天武天皇からすると甥に当たると考える。そこで大江皇女は、伊勢王の妃ではないかと考える。

新田部皇女は、天智天皇の娘かどうか微妙である。舎人皇子が、『日本書紀』編修事業の総裁を務めたことから、百済勢力の影響も大きく受けたと考えられる。また長屋王の変では、長屋王を責める側にまわっている。

氷上娘と五百重娘については、藤原鎌足の娘と考えて間違い無いだろう。

大蕤娘は、紀氏系の人物蘇我赤兄の娘として問題ないと思われる。

額田王は、先に論じたように、『日本書紀』では冷遇されているものの、非常に高貴な旧日神系の女性と考えられる。

尼子娘女と、その子高市皇子も、『日本書紀』の編纂者からは、冷遇されている。特に、高市皇子は、皇太子であったことが、隠されていたことが、『懐風藻』の葛野王の記事からわかる。

総じて言えることとは、天武天皇は、婚姻関係において、天智天皇、藤原鎌足、そして紀氏との繋がりが深く、逆に、旧勢力との関係が薄れていることが、明らかである。

2 国譲りをした天武天皇

第1章の2において、〝伝承継承者への弾圧とその粛清〟という見方を紹介した。そこにおいて、弾圧を受けたのは、出雲系の人々であり、粛清されたのは、出雲の伝承継承者である、高級巫女達であった。出雲弾圧とは、神様で言うなら、山神系のスサノオを祖先神として、祀るのを禁ずることが、まず第一であった。この弾圧と粛清は、舒明天皇の時代に始まり、天武天皇の時代まで続く。

本来の出雲のエッセンスと考えられる武蔵一宮氷川神社のご祭神は、スサノオの命、稲田姫命、大己貴命である。一方、現在の出雲大社の主祭神は、大国主命である。一般には、大己貴命と大国主命とは、同じ神様として扱われるが、本当にそうであろうか。大己貴命がどのような神様であったのか、おそらく、山神スサノオと、日神ニギハヤヒの仲を取り持つような、縁結びの神様であったのではないか、そして出来上がったのが、三輪の神様ではないか、という程度の想像はできるが、その真相は、『記紀』の壁に阻まれて、未だ見えてこない。ただ、大己貴命は、「縁結び」は、しても「国譲り」はしていないと思う。その点が、大己貴命と大国主命との大きな違いである。私は、大国主命とは、天武天皇の象徴であると考える。天武天皇が、旧大王家の支配する大和国を、神様や天皇家の系図も含めて、百済系に譲ったのである。

なお、天武天皇は、この国譲りの過程で、多くの矛盾に満ちた行動をとっている。

A　伝承において、父聖徳太子を裏切っている。
B　母斉明天皇を見殺しにしている。
C　妃額田王を手放している。
D　娘十市皇女を政略結婚させたために、若死に（一説に自殺）させている。

E　出雲の高級巫女達を殺している。

『日本書紀』によれば、晩年の天武天皇は、草薙剣の祟りを恐れて、粟田氏の人物に、草薙剣を熱田神宮に移させている。これは即ちスサノオの祟りを恐れたということであろう。

第９章　『百人一首』の関連の歌

１『百人一首』と王朝交代期

すでに、柿本人麻呂の歌と、持統天皇の歌については論じた。他にも王朝交代期を詠んだと思われる歌が、『百人一首』の中にある。そして、それらは相互関連している。まず、導入部の歌から、

文屋康秀
吹くからに　秋の草木の　しおるれば　むべ山風を　嵐といふらむ

文屋康秀は、九世紀後半の歌人。小野小町とも交流があったという。「秋」は春日が暮れた天智

朝以降をさす。「草木」が実は、「和邇氏の人々」を指しているようだ。「山風＝山神下ろしの風＝嵐」と言っている。意訳すると、

それが吹くと、和邇の人々が消えてゆくのだから。なるほど山神下ろしの風を、嵐というのだな。（中島）

源俊頼
憂かりける　人を初瀬の　山おろし　激しかれとは　祈らぬものを

源俊頼は、平安後期の歌人。宇多源氏。「初瀬＝大泊瀬＝雄略天皇」を意味すると同時に、「はつせ＝果つ勢＝殺すいきおい」もあるかもしれない。意訳すると、

憂鬱なことである。雄略天皇の殺人的な勢いの山神下ろしは、激しくあって欲しいとは、祈らないものを。（中島）

能因法師
嵐吹く　三室の山の　もみぢ葉は　龍田の川の　錦なりけり

能因は、平安中期の僧侶で歌人。橘諸兄の後裔。三室山は、奈良県斑鳩町にある、神々の鎮座する山。「嵐吹く」が、「山神下ろし」を示唆する。もみじ葉の赤い色が、血の色を連想させる。「龍田川」は、小野の悲劇のあった故地である。解釈しようによっては、凄惨な歌である。

意訳すると、

山神下ろしの風が吹く、三室の山のもみじ葉は、小野氏の流した血で、龍田川を、錦の色に染めている。（中島）

寂蓮法師
村雨の　露もまだ干ぬ　真木の端に　霧たち昇る　秋の夕暮れ

寂蓮法師は、藤原俊成の甥で、養子。俊成については、後に紹介する。「村雨＝多くの人の涙

＝大量粛清」。「露もまだ干ぬ＝涙の乾かない」。「真木の端＝宮殿」。「霧たち昇る＝紀利たち昇る＝紀氏の利益が優先されて、紀氏の人々が昇進してゆく」。山上憶良が紀清人を糾弾した歌に、「紀利多知和多流」という表現があった。「秋の夕暮れ＝春日の暮れた秋の夕暮れ」。この歌も王朝交代期の出来事を詠んでいる。意訳すると、

和邇の人々が大量粛清されて、その涙も乾かない宮中において、紀氏の人々ばかりが昇進してゆく、秋の時代の夕暮れ時であった。（中島）

猿丸大夫
奥山に　紅葉踏みわけ　鳴く鹿の　声きく時ぞ　秋は悲しき

猿丸大夫が官位を落とされた柿本人麻呂のことであることは、『柿本人麻呂と小野小町』（中島紀）の中で論じた。少し踏み込んだ解釈になるが、この歌を囚われの身となった人麻呂が、自らを雌鹿を思って鳴く雄鹿になぞらえて、詠んでいると解釈する。

奥山に、囚われの身となった私は、そこで、紅葉を踏み分けて、雌鹿を求めて鳴く雄鹿の声を聞いていると、私が雄鹿になったようで、この秋が悲しいことだ。（中島）

藤原俊成

世の中よ　道こそなけれ　思ひ入る　山の奥にも　鹿ぞ鳴くなる

藤原俊成は、平安後期から鎌倉初期にかけての、公家で歌人。『百人一首』を編纂した藤原定家の父。私は、俊成と定家の親子は、歌と歴史の両方を理解した数少ない歌人と見ている。この歌は、二つの解釈があると思われる。一つは、猿丸大夫に関連した歌、もう一つは聖徳太子の死に関連した歌との見方である。

世の中に道理などなかったのだ。山奥に幽閉された人麻呂が、鹿が鳴くように泣いている。（中島）

もう一つは、「入る」「鹿」を「入鹿」ととり、「鳴くなる＝なくなる＝亡くなる」と解釈する。

私は、入鹿（聖徳太子）が、片岡山（または龍田山）で暗殺されたと考えている。

世の中に道理などなかったのだ。道のないような山奥で、入鹿が亡くなった。（中島）

紫式部

めぐり逢ひて　見しや夫(それ)とも　わかぬ間に　雲がくれにし　夜半(よは)の月かな

「日本紀の御局」と言われた紫式部は、歴史を理解した歌詠みでもあった。この歌は、皇極天皇の立場になって、太子との再会を詠んだものと解釈できる。入鹿として復活した太子は、ほんの数年で暗殺されてしまった。「夫＝それ」が、皇極天皇と入鹿の関係を表している。

やっと、元夫のあなたに再会できたと思ったら、ほんの数年であなたは、お亡くなりになってしまわれた。まるで、夜半の月が雲隠れするように。（中島）

私は、紀貫之が『古今和歌集』仮名序で言うように、歌の心と古の事を両方理解していた歌人は、貫之の時代以降では、そう多くはなかったのではないかと考える。『百人一首」の中では、紀貫之、紫式部、源俊頼、能因法師、藤原俊成、藤原定家、そして俊成の甥の寂蓮法師くらいではなかろうか。ただし、歴史を知っていても、口に出せない、小野氏の後裔、例えば、小野篁のような人物もいたかもしれない。

2 諸々の文献における冒頭

多くの文献において、その冒頭には、百済系の人物が載せられている。リストアップすると、以下のようである。

『百人一首』は、天智天皇、次いで持統天皇。

百人一首一　天智天皇
秋の田の　仮庵の庵の　苫をあらみ　わが衣手は　露にぬれつつ

百人一首二　持統天皇

春過ぎて　夏来にけらし　白妙の　衣ほすてふ　天の香具山

ちなみに、これらに続くのが、柿本人麻呂（三）、山部赤人（四）の歌である。『百人一首』は、百済系に敬意を表すると同時に、万葉歌人の山柿の門を次の序列においている。

『万葉集』は、すでに紹介したように、雄略天皇の歌が第一、次いで舒明天皇の歌が第二である。この二人が実は、同一人物であること、そして初めての百済系の天皇であることも論じた。

『懐風藻』の冒頭は、大友皇子。その人物像の記述は以下のようである。

大友皇子は天智天皇の第一皇子である。逞しく立派の身体つきで、風格といい器量といい、ともに広く大きく、眼はあざやかに輝いて、振り返る目もとは美しかった。唐からの使者、劉徳高は、一目見て、並外れた偉い人物と見てこういった。

「この皇子の風采骨柄をみると世間並みの人ではない、日本の国などで生きる人ではない」

と。

皇子はある夜夢をみた。天の中心ががらりと抜けて穴があき、朱い衣を着た老人が太陽を捧げもって、皇子に奉った。するとふと誰かが腋の下の方に現れて、すぐに太陽を横取りして行ってしまった。驚いて目を覚まし、怪しさのあまりに内大臣の藤原鎌足公に事こまかに、この旨をお話になった。内大臣は歎きながら、

「恐らく天智天皇崩御ののちに、悪賢い者が皇位の隙をねらうでしょう。しかしわたしは普段申し上げておりました。『どうしてこんなことが起こり得ましょうと」と。わたしはこう聞いております。天の道は人に対して公平であり、善を行う者だけを助けるのです。どうか大王さま徳を積まれますようお努めください。災害異変などご心配におよびません。わたしに娘がおります。どうか後宮に召し入れて妻にし、身の廻りのお世話を命じてください。」

と申し上げた。そこで藤原氏と姻戚関係を結び、親愛の仲になっていった。皇子がようやく二十歳になられたとき、太政大臣の要職を拝命し、もろもろの政治を取りはからわれた。皇子は博

学で、各種の方面に通じ、文芸武芸の才能に恵まれていた。はじめて政治を自分で執り行うようになったとき、多くの臣下たちは恐れ服し、慎み畏まらない者はいなかった。年二十三のときに皇太子になられた。広く学者沙宅紹明、塔本春初、吉太尚、許率母、木素貴子などを招いて顧問の客員とした。皇子は生まれつき悟りが早く、元来広く古事に興味を持たれていた。筆を取れば文章となり、ことばを出すとすぐれた論となった。当時の議論の相手となった者は皇子の博学に感嘆していた。学問をはじめられてまだ日が浅いのに、詩文の才能は日に日に新たにみがかれていった。壬申の乱にあい、天から与えられた運命を全うすることができないで、二十五歳の年齢でこの世を去れれた。

この『懐風藻』の人物描写は、とりわけ長い。また、皇子の見た夢と藤原鎌足の挿話も、創作の感じが強い。この文章は、天智系と藤原氏の正統性をことさら強調している。皇子が招いたとされる顧問の賓客は、素性のわかる人物は、すべて百済人である。また大友皇子が皇太子となったといっているが、皇位につくことはなかった。ところが、明治三年（一八七〇）に漢風諡号弘文天皇が贈られている。このことから見ても、百済系を正統とみなす考え方が、脈々と続いていることが、想像されるのである。

『日本霊異記』の冒頭は、雄略天皇。

この雄略天皇に関する記述が、雄略天皇と舒明天皇を同定する大きな手掛かりとなることは、すでに論じた。

『善光寺縁起』

室町時代に成立した『塵添壒嚢鈔』の語る中世の時点での『善光寺縁起』は、冒頭ではないが、百済王を本田善光の前身とする。

『善光寺縁起』は、善光寺如来と、本田善光の前身、月蓋長者との関係が、インドにおいて、釈迦の生きた時代に遡るとする。この縁起は、かなり長いので、ここでは、参考文献『善光寺の不思議と伝説』（笹本正治）を挙げ、簡略化した記述に留める。

大金持ちの月蓋長者に、釈迦が何人もの仏弟子を派遣しても、全く仏法を信じず、少しの供養すらしない。ついには釈迦本人が、月蓋長者の家に出向くが、それでも改心しない。

仏は、「異人に非ずして悪を作る。異人は苦の報いを受けて自業自得の果になる、衆生皆このごとくである。」と唱えて帰られた。

仏は、どうして因縁を結ばせたら良いかを、弟子たちに相談して、一切の衆生は、子供を宝とするから、文殊菩薩をして、月蓋の妻の腹に宿らせ、娘として生まれることにする。こうして如是姫が生まれ、月蓋は娘を溺愛する。

如是姫が七歳の時、五種の鬼（仏の化身）が月蓋の宿所に乱入した。鬼の毒の息で、草木は枯れ、三日間で、五千七百人の人が死んでしまった。如是も病になり、月蓋長者は、身に代えても助けたいと嘆いた。

事情を聞きつけた長者の一人が、薬師仏の化身の耆婆大臣から、薬をもらうと良いと提案するが、大臣はもはや手遅れだという。月蓋がそれを聞いて悲しんでいると、別の長者が、「この病の色が五種に分かれて見えるのは、五頭の鬼のせいだ。釈尊ならば治してくれるだろう」といった。しかし月蓋は、これまでの釈尊との経緯からとても一人では会いに行けないと考えた。そこで、五百人の長者とともに、釈尊を訪れ、助けを乞うた。釈尊は、「私ですら寿命は限られている。どうして定めのある衆生の命を救えようか。」と答えた。するとこれを聞いた月蓋は、地に倒れ、声を惜しまず泣き悲しんで、「もし助かるならば、七珍万宝も残らず羅漢に供養いたします。」といった。すると釈尊は、涙を流し、「病の元となる五頭の鬼は、私にとって恐るに足りない。西方十万億の仏地を過ぎると極楽国がある。この地を支配する阿弥陀仏がやって来たら鬼は逃げ去るだろう。」と言われた。月蓋がどのようにして招けば良いか尋ねると、「宿所に帰って、清浄な衣服を着て、花を捧げて、香を焚き、西に向かって南無阿弥陀仏と十遍唱えれば、必ず彼の仏が光明を放って汝の前にやってきてくれるだろう。」と答えられた。月蓋長者が、教えられた通りにすると、阿弥陀仏はたちまち光明を放って、宿所に現れた。そして阿弥陀仏が呪文を唱えると、紫雲が、天に満ち、曼珠華が天より降り積もり、六種の振動があって、門の上に一光三尊の阿弥陀如来がおいでになった。長者は釈尊のいる霊鷲山に向かって大聖釈尊を三度拝し奉った。その時世尊普賢文殊、五百羅漢、無数の聖衆が、雲のように集まってきた。そして、仏が阿弥陀に三度礼をしたので、大眷属も皆同じように礼をした。

如是姫は、たちまち平癒した。月蓋は、仏に、阿弥陀如来のお姿を写し留めたい、と申し出ると、仏は、千両の金があれば、鋳写して与えよう、と言われた。但し、月蓋の集めた金は、欲に汚れているので、南の大海の底にある竜宮城の竜王の持つ閻浮提金を乞い受けて持ってくるように言われた。月蓋が、それは凡夫には不可能だというと、目蓮尊者が、自分の神通力で代わりに行ってこようと申し出た。目蓮は、竜宮城に苦労してたどり着くと、竜王は気前よく金を差し出してくれて、無事釈尊の元に帰還する。阿弥陀如来は、鋳造され、月蓋は、釈尊に奉仕した功徳により、十六の大国の王として生まれた時にも、この阿弥陀如来と巡り会った。

百済王と阿弥陀如来

月蓋は、百済国の王としても生まれかわり、崇讃王（そうさんおう）と号した。阿弥陀如来も同じく百済国に移って、衆生を千十二年に渡って利益した。この年のある夜国王聖明王が、宮殿で如来の微妙な声を聞いた。

「汝まさに聞け、これより東方に小国があり、日本という。いまだに仏法の名字を聞かないので、多くの衆生が沈倫している。我はこれを救うために虚空に飛行しようと思ったが、天竺からこの国に飛んできた時も変化のものだとして、衆生らは皆恐怖した。おそらくは日本でも同じだろう。船を用意して、朝使を添えて自分を送って欲しい。」

聖明王は気が進まないのだが、如来が重ねて要求するので、船を用意し、付き添いの朝使もつけて、送り出した。この時、如来との別れを惜しんだ皇后をはじめとする多くの人々が海に身を投げたが、風によって磯に吹き付けられたので、死んだものはなかった。人々は、生前にも来世にも、如来に救われるのだと悟った。

『塵添壒嚢鈔』の記述によれば、月蓋は、日本において本田善光となる。月蓋長者、釈尊、そして阿弥陀如来のお話は、非常に長くまた寓話的である。阿弥陀如来は、大乗仏教の如来なので、釈尊と阿弥陀如来の同時代性は、『善光寺縁起』の創作であろう。阿弥陀如来は、インドから来た如来ではなく、ゾロアスター教、或いはマニ教に由来するという説もあるようだ。一方、百済王と阿弥陀如来の関係についての記述は、非常に短く、また事務的である。百済において、如来が千年以上かけて衆生を結縁したというが、百済において、それ程仏教が盛んであったという歴史はなさそうである。私は、百済と如来に関する記述は、百済の日本に対する優位性を主張するための挿話ではないかと考える。先にも述べたが、善光寺如来、一光三尊阿弥陀如来像は、三国伝来ではなく、聖徳太子が、信濃の伊那郡に本田善光として左遷されていた頃に、鞍作止利によって作られたものである可能性が高いと考えている。

このように、百済系に敬意を表するのが、習いとなっているようだ。

そんな中で、例外もある。

『上宮聖徳法王帝説』

これは、聖徳法王について書かれたものなので、当然ながら聖徳太子についての記述から始まる。厳密に言うと、太子とその兄弟姉妹についてのお話である。

『今昔物語』

（本朝仏法部）巻十一第一話

仏教関係のお話という理由もあるが本朝部の冒頭は、聖徳太子である。

やはり聖徳太子は別格の存在なのであろう。

第10章　聖徳太子関連の挽歌と哀傷歌

1 片岡山の飢え人に関する歌

まず『万葉集』の挽歌から。

万葉集四一五
上宮聖徳皇子の竹原井に出遊しし時に、龍田山の死れる人を見て悲傷びて作りませる御歌
家にあれば　妹が手まかむ　草枕　旅に臥せる　この旅人あはれ

この歌には、特に裏の意味を持つような技巧もなければ、聖徳太子の聖人伝説のような詞書もない。解釈は急がないで、『拾遺和歌集』の哀傷歌二首を紹介する。これらは和歌集の最後に置

かれている。

一三五〇
聖徳太子、高岡山辺道人の家におはしけるに、餓たる人道のほとりに臥せり。太子の乗りたまへる馬留まりて行かず。鞭を上げて打ちたまへど、後へ退きて留まる。太子すなはち馬より下りて餓ゑたる人のもとに歩み進みたまひて、紫の表の御衣を脱ぎて餓ゑ人の上に覆ひたまふ。歌をよみてのたまはく
しなてるや片岡山に飯に餓ゑて臥せる旅人あはれ親なしになれになれけめや、さす竹のきねはやなき、飯に餓ゑて臥せる旅人あはれあはれ、
といふ歌なり

一三五一
餓ゑ人、頭をもたげて、御返しを奉る
いかるがや　富緒河の　絶えばこそ　わが大君の　御名を忘れめ

『万葉集』は、すでに亡くなった人を見て、聖徳太子が悲しんでいる。一方『拾遺和歌集』の方は、少し説話的で、瀕死の飢え人に情けをかけると、飢え人が返答して、「富の小川が絶えたなら、わが大君の御名を忘れるだろうが、そんなことはありえない。」という。

私は、これらの歌が、聖徳太子の死を詠んでいると思うが、問題は、政治的死（信濃への左遷）か、生物学的死かである。私は、斑鳩と龍田山に関連していることから、入鹿の暗殺を意味するのではないかと想像する。藤原俊成の「山の奥にも鹿ぞ亡くなる」というフレーズが気になるのである。さらに、能囚法師の

嵐吹く　三室の山の　もみぢ葉は　龍田の川の　錦なりけり

という歌が、これも入鹿暗殺を示唆するようにも思えるのである。断言まではできないが、聖徳太子は、龍田山で暗殺されたと、考えている。

第11章　大津皇子の変と万葉集

1 大津皇子

『万葉集』において、聖徳太子と斉明天皇の他にも、その死が深く悼まれている人物がいる。それは、大津皇子である。聖徳太子と斉明天皇の死が、暗示的にのみ語られているのに対して、大津皇子の死は、より明示的に記述されている。大津皇子の謀殺に関しては、この問題の伏線が、『日本書紀』において二つある。

まず、一つ目の伏線は、

天武八年　吉野の会盟

五月五日、吉野宮に行幸された。六日天皇は皇后および草壁皇子、大津皇子、高市皇子、河嶋皇子、忍壁皇子、芝基皇子に詔して、「自分は、今日、お前たちと共に朝廷で盟約し、千年の後まで、継承の争いを起こすことのないように図りたいと思うがどうか」といわれた。皇子たちは共に答えて、「ごもっともでございます」といった。草壁皇子尊がまず進み出て誓って、「天地の神々および天皇よ、はっきりお聞きください。我ら兄弟長幼合わせて十余人は、それぞれ母を異にしておりますが、同母であろうとなかろうと、天皇のお言葉に従って、助け合って争いは致しますまい。もし今後この盟いに背いたならば、命は亡び子孫も絶えるでしょう。これを忘れず過ちを犯しますまい。」と申された。五人の皇子は後をついで順次さきのように誓われた。そうした後、天皇は、「わが子どもたちよ。それぞれ母を異にしているが、みんな同じ母から生まれたも同様に思われいとしい。」と言われた。そして衣の襟開いて、その六人の皇子を抱かれた。そして盟いの言葉を述べられ、「もし自分がこの盟いに叛いたら、たちまち我が身を亡すであろう。」と言われた。皇后もまた天皇と同じように、盟いの言葉を述べられた。

この記事から分かることは、天武天皇が後継者問題に、危機感を抱いていたこと、そして特に皇后の存在に、危険を感じていたのではないかということである。また、六人の皇子のうち、河嶋皇子は、天智の子であるが、この人物は、『懐風藻』によれば、大津謀殺に関わったとされる。

二つ目の伏線は、天武天皇の晩年における政務の引退とそれに続く二つの記事である。

天武一〇年一月二五日

草壁皇子を立てて皇太子とし、一切の政務に預らせられた。

ところが二年後に、

天武一二年二月一日

大津皇子が、初めて朝政をお執りになった。

とある。この第二の記事は、尋常ではない。理由は定かではないが、草壁皇子では、政務が遂行できず、能力があり人望もあった大津皇子が、摂政となったようである。大津の人となりについては、『懐風藻』が記述しているので、後に引用する。草壁にしてみれば、同年代の大津にとって代わられたことで、大変なコンプレックスを抱いていたと思われる。草壁は能力的にも、性格的にも困った人物であったのかもしれない。草壁に関しては、『日本書紀』も『懐風藻』も沈黙している。朱鳥元年（天武一五年、六八六）九月九日天武天皇が崩御する。この天皇不在の時に、皇太子は草壁、摂政は大津という微妙な状態になる。すると事態は急変する。『日本書紀』によれば、

朱鳥元年十月二日
大津皇子は謀反の廉で捕えられる。

翌十月三日
皇子大津に訳語田（おさだ）の舎（いえ）で、死を賜った。時に年二十四。妃の山辺皇女は髪を乱し、裸足で走りでて殉死した。見る者は皆すすり泣いた。皇子大津は天武天皇の第三子で威儀備わり、言語明朗で天智天皇に愛されておられた。成長されるに及び有能で才学に富み、特に文章を愛された。この頃の詩賦の興隆は、皇子大津に始まったと言える。

では、『万葉集』を見ていこう。

大津皇子の竊(ひそか)に伊勢の神宮に下りて上り来ましし時に大伯皇女の作りませる御歌二首

万葉集一〇五

わが背子を　大和へ遣ると　さ夜深けて　暁露(あかときつゆ)に　わが立ち濡れし

わが背子（愛しい弟）を大和へ送るとて、夜も更け、やがて明け方の露に濡れるまで、私は立ち続けたことであった。（中西）

万葉集一〇六

二人行けど　行き過ぎ難き　秋山を　いかにか君が　独り越ゆらむ

二人で行ってさえ越えがたい秋山を、どのようにしてあなたは今一人で越えているのだろう。（中西）

「秋山」には、実際の季節と、「春日が暮れて久しい秋」という時代性も示唆している。二つの歌には、弟を大和に帰したくないという思いが溢れている。大津は、夜を徹して移動したことになる。この歌は、本当に大伯皇女が詠んだものかもしれないが、一方誰かが（例えば人麻呂が）大津皇子による、大伯皇女の密かな訪問を、創作したものなのか、よくわからない。摂政という要職にあった大津が、一人で秘密裏に京を離れ姉を訪ねたなら、この時点で大津は、身の危険が迫っていたことを、知っていたと解釈できる。『日本書紀』と、『懐風藻』には、新羅僧行心による、謀反のそそのかしがあったというが、本当にそのようなことがあったのなら、その時点で、大津は危機が迫っていることを感じたことであろう。しかし、大津による「謀反」の理由とされたのは、石川郎女という女性と会った、或いは会おうとした、ことが発覚したということである。この女性は、複数の人物と関係していたが、その一人が草壁皇子であったらしい。

万葉集一〇七　大津皇子の石川郎女に贈れる御歌一首
あしひきの　山のしづくに　妹待つと　わが立ち濡れし　山のしづくに

足日木乃　山之四付二　妹待跡　吾立所沾　山之四付二

あしひきの山の雫に、妹を待つとて私は立ち続けて濡れたことだ。山の雫に。（中西）

この場合、深読みが可能なのは、まず、「あしひき＝悪し引き＝悪い誘い」である。但し、文章（漢文）が得意な、大津皇子なら、「ひき＝誹毀＝他人の醜行を暴いて名誉を傷つけること」もあるかもしれない。さらに「わが立ち濡れし＝吾立所沾」が、「濡れ衣を着せられた」との意味もあろう。まとめると、

悪い誘いに乗って、山の雫に貴方を待って立ち続けていたと、濡れ衣を着せられて、スキャンダルになってしまったことだ。（中島）

この悪い誘いは、石川郎女から来たものと思われる。ところが

万葉集一〇八　石川郎女の和（こた）へて奉れる歌一首

吾を待つと　君が濡れけむ　あしひきの　山のしづくに　成らましものを
吾乎待跡　君之沾計武　足日木能　山之四附二　成益物乎

私を待つとて貴方がおぬれになったという山の雫に、私はなりたいものです。（中西）

という返歌からすると、二人は会っていない。大津が誘い出されただけということになる。ところが、次の歌は違うという。

万葉集一〇九　大津皇子の竊（ひそか）に石川郎女に婚（あ）ひし時に、津守連通のその事を占へ露わすに、皇子の作りませる御歌一首
（未だ詳らかならず。）

大船の　津守が占に　告らむとは　まさに知りて　わが二人宿し

密会したら、津守の占いに出ることを、知った上で、我ら二人は会ったのだ。（中島）

この歌には、作者が大津なのかどうか分からない、という但し書きが付いている。私にも歌の品格からしても、大津の作とは思われない。ただ『万葉集』が「大津の謀反発覚」という事件が、単に「大津と石川郎女の密会（或いは密会未遂）が津守連通の占いによって露見した」という非常に矮小化されたものだったと言いたいのではないか、と思われる。大津皇子に政治的野心など、一切ないのである。なぜ石川郎女と会うことが謀反の理由とされたかを一応説明する歌が、次にある。

万葉集一一〇　日並皇子尊の石川郎女に贈り賜へる御歌

大名児が　彼方(おちかた)野辺に　刈る草の　束の間も　わが忘れめや

大名児が遠くの野辺で刈る草の、ほんの束の間も私は忘れるなどということがあろうか。（中西）

日並皇子尊とは、草壁皇子のことである。大名児とは、石川郎女のことであろう。あまりうまく訳せないが、要するに、石川郎女が大津と会っていようとも、貴方は私の大事な愛人だと言っているのであろう。『万葉集』が言いたいことは、草壁にしてみれば、石川郎女は愛人であり、それと関わった大津は、謀反を企てたという扱いになったということであろう。『懐風藻』の記述する大津の人柄は、以下のようである。

大津皇子は天武天皇の第一皇子である。丈高くすぐれた容貌で、度量も秀でて広大である。幼年より学問を好み、知識が広く、詩や文をよく書かれた。成人すると武を好み、力にすぐれ、よく剣を操った。性格はのびのびとし、自由に振る舞って規則などには縛られなかった。高貴な身分でありながら、よくへりくだり、人士を厚く待遇した。このために皇子につき従う者は多かった。当時、新羅の僧で、行心(こうじん)という者がいた。天文や占いをよくした。僧は皇子に告てこういった。「皇子の骨柄は人臣にとどまってよいという相ではございません。長く下位にとどまっておりますなら、おそらく身を全うすることはできないでしょう。」この僧のまどわしに皇子は迷われ、とうとう謀反の行為に出られたのである。ああ惜しいことよ、立派な才能を心に抱きながらも、忠孝の道を守って身を保つことをしないで、この悪い小僧に近づいて死罪にあい、一生を終えられた。古人が友人との交際を慎んだ心は、この一件によって考えてみると深い意味が読み取れる。亡くなられた時の御年は二十四歳であった。

一つ注意したいのは、『懐風藻』が、大津の母方の血筋について沈黙していることである。母は大田皇女のはずだが、先述したように、大田皇女は、『日本書紀』の言うように、天智天皇の子であるとは、思われない。つまり、大津は天智天皇の孫ではない。

新羅僧行心に関しては、『日本書紀』にその名が見える。持統天皇が詔して、

新羅の沙門行心は皇子大津の謀叛に与したが、罰するのに忍びないから飛騨国の寺に移せ。

という処分が下された。要するにほとぼりが冷めるまで、飛騨に隠れていろ、ということである。「大津の謀反」に関しては、石川郎女、草壁皇子、新羅僧行心、津守連通の他、『懐風藻』によれば、河島皇子も謀反の密告に関係していると言う。しかし、あくまでも、大津のしたことは、草壁の愛人、石川郎女との密会、或いはその未遂が、津守連通の占いにでたことだけである。『万葉集』は、さらに、石川郎女が草壁の愛人ですらなかった、と言いたいようである。

文章に秀でた大津ゆえ、『懐風藻』には、四首があるが、ここでは、臨終の詩を載せる。

臨終

金烏　西舍に臨み
鼓声　短命を催す
泉路　賓主なし
この夕　誰が家にか向ふ

太陽は西に傾き
夕べの鐘に短い命が身にしみる
泉途(よみじ)を行くは一人の旅
夕暮れどこへ宿ろうとするのか

2 石川郎女

石川郎女と大伴田主という男性との歌の贈答があり、そこから石川郎女の人物像が浮かび上がる。

万葉集一二六　石川女郎の大伴宿禰田主に贈れる歌一首（即ち佐保の大納言大伴卿の第二子、母を巨勢朝臣といふ）

遊士（みやびを）と　われは聞けるを　屋戸貸さず　われを還せり　おその風流士（みやびを）

風流なお方と私は聞いておりましたのに、引きとめもしないでお帰しになるとは、のろまな「みやびお」ですね。（中西）

大伴田主は呼び名を仲郎といった。容姿美しく洗練された感覚の持ち主であった。見る者も伝え聞く者もみな感心したことである。さて、石川郎女という女性がいた。田主に対して、いつか結婚を願うようになりひとり寝のつづくことを悲しむのが常であった。ひそかに便りをよせようと思いながら、機会に恵まれなかった。そこで一計を案じ、賤しい老婆の姿をしてみずから鍋を持って田主の寝所に近づき、口ごもり足をふらつかせて、戸を叩いて偽っていった。

「東隣の貧しい女ですが、火をお借りに来ました。」

この時田主は暗闇で身をやつした姿がわからず女郎の求婚の意図など思いも及ばなかった。だから言われるままに火をとり、同じ道を帰らせた。翌朝女郎は臆面もなくみずからおしかけて行ったことを恥じ、目的を遂げなかったことを恨めしく思った。そこでこの歌を作って冗談をいったのだった。（中西）

万葉集一二七　大伴宿禰田主の報へて贈れる歌
遊士(みやびを)に　われはありけり　屋戸貸さず　還ししわれそ　風流士(みやびを)にはある

そうだったのですか。それでは私は、「みやびお」だったのですね。引き入れたりしない私こそ「みなびお」なのです。（中西）

この石川郎女と大伴田主の詳細なやりとりは、『万葉集』が大伴家持によって編纂されていることを思えば、信憑性が高い。このようなやりとりが記述された理由は、『万葉集』が石川郎女の人柄を伝えたかったからであると思う。石川郎女という女性は、『万葉集』に複数存在するが、ここでの石川郎女は、時代性を考慮しても、明らかに大津皇子とのやりとりのあった人物だと考えられる。『万葉集』は、この自由奔放な石川郎女が、草壁皇子の愛人ですらなかったのであり、大津皇子と石川郎女の関係が、大津皇子による謀反の理由にすらならない、と言いたいのであろう。

第12章　旧大王家の知性

1　和歌の持つ多重性

日本語として使われる漢字は、表音文字であると同時に、表意文字でもある。柿本人麻呂や山上憶良の歌は、万葉仮名を単に表音文字と考えては、とても解釈しきれない、多くの意味を持っている。古代人、特に旧大王家の人々の多くは、和魂漢才を極めていて、和歌に用いる漢字の選択に対して、非常に繊細な神経を使っている。例えば

万葉集四二八　土形の娘子を泊瀬山に火葬りし時に、柿本人麻呂の作れる歌一首

隠口の　泊瀬の山の　山の際に　いさよう雲は　妹にかもあらむ

において、「こもりく」の音を通常の「隠国」ではなく、「隠口＝口封じ」とすることで、「こもりく」に本来以上の意味を持たせている。

それに加えて、同音異義語を用いて翻訳しなければ、読み解けない歌もある。例えば、

万葉集八　斉明天皇の御代　額田王の歌
熟田津に　船乗りせむと　月待てば　潮もかなひぬ　今は漕ぎ出でな

において、「熟田津に」をまず「にきたつに」という音に変え、それを「和立つに」と翻訳して初めて意味がとれる。同じことは、「潮もかなひぬ」にも言えて、「しをもかなひぬ＝死をも叶ひぬ」と翻訳して、初めて詠者の意図する意味がとれる。

さらに、意表をついて万葉仮名を漢文のように読み下すことを要求する歌まである。

万葉集九　紀の温泉に幸（いでまし）し時に、額田王の作れる歌

莫囂円隣之大相七兄爪湯気吾瀬子之射立為兼五可新何本

この歌は、「莫囂円隣之大相七兄爪湯気」を、漢文風に読み下して、「円隣の大相を囂(かまびす)しくすること莫かれ。七兄靭負(ゆげ)を詰める」と解釈して、初めて意味がとれる。

以上のような技巧は、日本語特に古代語（万葉仮名）だからできたと考えられる。中国語の漢字は、表意文字であり、漢詩において韻を踏むことはあっても、意味が増えるわけではない。アルファベットのような表音文字でも、詩において韻を踏むが、それによって意味は変わらない。紙や木簡が貴重であったはずの古代において、膨大な数の漢字を学習し、和歌を作り、漢詩を吟じた人々の知性は、大変なものだったと思われる。また、日本語の持つこの多重性が、日本人の精神構造に大きく寄与しているのではなかろうか。和歌は、人の心の襞まで表現するのである。

2　旧大王家の後裔

すでに紹介した釈智蔵のように、聖徳太子の後裔には、仏門に入り、俗世での栄達を捨て、学問に生きた人々も多かったようである。飛鳥から奈良にかけての時代、高僧が次々に生まれているのも、旧大王家の知識人が仏教の世界に、救いを求めたからではなかろうか。その為かはわからないが、粟田氏、柿本氏、山上氏は、歴史の表舞台からは、次第に消えてゆく。

小野妹子の後裔の小野氏は、学問に秀でた官僚として、平安時代にも活躍する。特に有名なのは、小野篁であろう。嵯峨朝から仁明朝にかけて、検察司法関連の要職を歴任するが、同時に、夜毎に閻魔庁に赴く冥官であったという。漢詩を作れば、白居易に匹敵し、また和歌にも優れていた。さらに、小野小町は、絶世の美女であると同時に、第一級の歌詠みでもあった。私は、『柿本人麻呂と小野小町』の中で、小町が篁の妹で、仁明帝の更衣であった小野吉子であると考察している。また小野吉子は、『源氏物語』における光源氏の母、桐壺の更衣のモデルであるとも考えている。そして、光源氏のモデルは、吉子の子源融であると推理している。但し、融の父親は、仁明帝ではない。

最も激しい弾圧にあった出雲系の後裔は、どうなったであろうか。菅原土師氏は、七八一年、菅原姓を得てある程度の名誉が回復される。最も著名な菅原道真は、学問を極めた官僚として、右大臣に昇るが、左大臣藤原時平の陰謀により、太宰府に流され憤死する。平安京では、道真の祟りが恐れられ、北野天満宮に、学問の神、天神様として祀られた。百舌鳥土師氏は、七九一年、大枝（後に大江）姓を与えられ、名誉回復する。菅原氏と同じく学問や和歌の世界で、著名人を出している。

以上で、王朝交代期の歴史の各論を終わる。

終わりに

七世紀の王朝交代は、単に支配者が変わったというだけでなく、支配者が質的に変わったと考えられる。聖徳太子（崇峻天皇）以前の大王は、周囲から支持され選ばれた人物が、大王になっていたという側面があったように思われる。「山鳥の小野」とは、「山神系の中でも、選ばれた小野氏」という側面があったのではなかろうか。それゆえ、聖徳太子は、「衆生を救う」という使命感を持って、政治を行い、また仏教にも関わった。ところが、雄略天皇（舒明天皇）に始まる百済系の天皇は、自分のために、権力を奪取するというスタンスで、天皇になっている。征服王朝なのである。

旧大王家の哲学的水準は、非常に高い。それゆえ権謀術数を弄するような、卑劣なことはできない。一方、百済系の新興勢力、特に藤原氏は、邪魔者を陥れることに対する躊躇がない。私は、全ての藤原氏の人物が、そうだとは思わない。紫式部や藤原俊成定家親子がいたからこそ、歴史の断片が残されたと考える。しかし、権力中枢に近い藤原氏の人々は、あまりに哲学に欠けている。

なぜ聖徳太子は、左遷されなければならなかったのか。それに関しては、『万葉集』は語らない。『日本書紀』と『今昔物語』に、「日羅」の記事があり、百済が日本への侵攻を計画していたことが示唆されるが、詳しいことはわからない。現時点で言えそうなことは、聖徳太子の左遷とは、権力欲による哲学の敗北であったということである。

参考引用文献

池上洵一『今昔物語集　本朝部（上）』岩波文庫（岩波書店・二〇〇一）
宇治谷孟『日本書紀（上・下）全現代語訳』講談社学術文庫（講談社・一九八八）
宇治谷孟『続日本紀（上）全現代語訳』講談社学術文庫（講談社・一九九二）
梅原猛『隠された十字架─法隆寺論』新潮文庫（新潮社・一九八一）
江口孝夫『懐風藻』講談社学術文庫（講談社・二〇〇〇）
澤瀉久孝『萬葉集注釋』全二十巻＋別巻二巻（中央公論社・一九五七─一九七七）
小町谷照彦『古今和歌集─現代語訳対照』旺文社文庫（旺文社・一九八二）
笹本正治『善光寺の不思議と伝説─信仰の歴史とその魅力』（一草舎出版・二〇〇七）
関裕二『古代史の秘密を握る人たち─封印された「歴史の闇」に迫る』ＰＨＰ文庫（ＰＨＰ研究所・二〇〇一）
関裕二『大化改新の謎─闇に葬られた衝撃の真相』ＰＨＰ文庫（ＰＨＰ研究所・二〇〇二）
関裕二『藤原氏の正体』新潮文庫（新潮社・二〇〇八）
田村晃祐「上宮聖徳法王帝説」（『法華義疏（抄）・十七条憲法』中公クラシックスＪ33（中央公論新社・二〇〇七）所収）
中島紀『柿本人麻呂と小野小町』（武蔵野書院・二〇一二）
中田祝夫『日本霊異記（上）全訳注』講談社学術文庫（講談社・一九七八）
中西進『万葉集　全訳注原文付（四）』講談社文庫（講談社・一九八三）
宮元健次『善光寺の謎─今明かされる「怨霊封じ」の真実』祥伝社黄金文庫（祥伝社・二〇〇九）

◆著者紹介

中島　紀（なかじま・ただし）

1958 年　埼玉県生
京都大学理学部卒
カリフォルニア工科大学 Ph.D.

著書
『物理を学習する大学生・院生のガイドブック』（吉岡書店，2007 年）
『柿本人麻呂と小野小町』（武蔵野書院，2012 年）

大和の大王家の姓と聖徳太子の死の真相
――万葉集や伝承の語る王朝交代の七世紀

2023 年 10 月 25 日 初版第 1 刷発行

著　　者：中島　紀
発 行 者：前田智彦
発 行 所：武蔵野書院
〒101-0054
東京都千代田区神田錦町 3-11 電話 03-3291-4859　FAX 03-3291-4839

装　　幀：武蔵野書院装幀室
印　　刷：シナノ印刷㈱
製　　本：東和製本㈱

ISBN 978-4-8386-1011-2 Printed in japan